Gregor Spohr

Wie schön, hier zu verträumen

Schlösser am Niederrhein

Die Deutsche Bibliothek - CIP Einheitsaufnahme
Wie schön, hier zu verträumen : Schlösser am Niederrhein / Gregor Spohr.
Fotos: Hans Blossey; Holger Klaes. Texte: Ele Beuthner; Gregor Spohr. –
Bottrop; Essen: Pomp, 2001
ISBN 3-89355-228-6

Herausgeber: Gregor Spohr

Texte: Ele Beuthner, Gregor Spohr
Fotos: Holger Klaes
Luftaufnahmen: Hans Blossey

Gestaltung: Gregor Spohr

Lithografie: Digital Media Service GmbH, Essen

Herstellung: Druckerei Peter Pomp GmbH, Bottrop

Gregor Spohr

Wie schön, hier zu verträumen

Schlösser am Niederrhein

Fotos: Hans Blossey, Holger Klaes
Texte: Ele Beuthner, Gregor Spohr

POMP

Die Schlösser, Burgen und Herrenhäuser

Wie schön, hier zu verträumen

„Wie schön, hier zu verträumen."
So beginnt das Gedicht „Die Nacht" von Joseph Freiherr von Eichendorff.
Diese Zeile kommt mir manchmal in den Sinn, wenn ich einen ganz besonderen Ort entdeckt habe.
Die weite Landschaft am Niederrhein ist voll von solchen Orten.
Wie ein schmaler Spiegel liegt die Niers in ihrem grünen Rahmen und zieht den Himmel hinunter ins Gras.
In den letzten Strahlen der untergehenden Sonne machen die Mücken ein Tänzchen über dem dunklen Wasser des Flusses, der auf dem Weg zur Maas keine Eile hat.
In meinem Rücken die warmen Ziegel der Mauerreste von Burg Wachtendonk.
Die Spanier werden im Jahr 1605 keinen Blick gehabt haben für den Zauber der niederrheinischen Landschaft, als sie diese wichtige Festung stürmten und dem Boden gleich machten.
Heute helfen restaurierte Grundmauern, sich ein Bild von der kleinen Wasserburg zu machen.
Spurensuche. Daheim auf dem Schreibtisch liegt die Kopie einer Heiratsurkunde.
Der Ackerersohn Godfried Friedrich Spohr, geboren am 30. Oktober 1816 zu Wachtendonk, war vor dem Standesbeamten erschienen, um Maria Gertrude Pasch, geboren am 19. März 1819 zu Wachtendonk, zu ehelichen.
Das war am 2. Mai 1846. Und sechs Jahre später, am 24. November 1852, wurde ihr Sohn, mein Urgroßvater Franz Hubert Spohr, ins Taufbuch der Wachtendonker Pfarre eingetragen.
In welchem der alten Backsteinhäuser, die nach dem großen Stadtbrand 1708 errichtet wurden, mag er gelebt haben, der Godfried mit seiner Familie?
Hat er hier auf den Niers-Wiesen Heu gemacht und am Feierabend im „Schwarzen Adler" an der Feldstraße über Gott und die Welt debattiert?

Hat er sich dem jährlich wachsenden Strom von Wallfahrern angeschlossen und ist mit Maria Gertrude zur Gnadenkapelle nach Kevelaer gepilgert?
Das feine Sirren einer Mücke bringt mich zurück in die Gegenwart.
Vor dem Abendhimmel bekommen die Mauerreste der Burg Wachtendonk plötzlich etwas Bedrohliches.
Hunderte solcher Festungen boten hier am Niederrhein zwischen Emmerich und Zons, Arcen und Voerde ihren Bewohnern Schutz, bis die neuartigen Kanonen Löcher in ihre Mauern rissen.
Einige überdauerten, wurden restauriert, beherbergen Museen oder Hotels, werden von privaten Eigentümern liebevoll gepflegt, sind für Gäste offen.
Auf den Grundmauern anderer entstanden prächtige Schlösser, umgeben von Gartenanlagen, die nach der Mode als romantische Landschaften gestaltet wurden.
50 Burgen, Schlösser und Herrenhäuser am Niederrhein werden in diesem Buch vorgestellt.
50 Orte, jeder einzelne von besonderem Reiz.
Eine kleine, feine Auswahl.
Am Ufer der Niers hier bei Wachtendonk geben inzwischen Frösche den Ton an.
Die Sonne ist verschwunden. Nebelschleier decken zart die Wiesen zu.
Schade eigentlich, dass sich Joseph Freiherr von Eichendorff ohne Erfolg bemüht hat, hier im preußischen Rheinland eine Stelle als katholischer Regierungsrat zu bekommen.
Diese Landschaft hätte dem beliebtesten Dichter der Romantik gefallen.
Wie schön, hier zu verträumen.

Gregor Spohr

Dornröschens Schloss schlief lange im schönen Land

„Moie" nennen die Niederländer alles Schöne. Schloss Moyland trägt seinen Namen „Schönes Land" zu Recht: Seine Mauern und Türme erzählen von der Liebe seiner Besitzer zu dem schönen Landstrich zwischen Kleve und Kalkar. Und von der Liebe zu schönen Frauen und zu den schönen Künsten.

Einen Gutshof in „gen Moiland" schenkte im Jahr 1307 Graf Otto von Kleve dem Lehrer seiner Kinder, dem Geistlichen Jacob van den Eger. Den Namen „Schönes Land" fanden wahrscheinlich die holländischen broekers, die der neue Besitzer kommen ließ. Sie legten die Feuchtgebiete trocken, die zu dem Gutsbesitz gehörten.

Im Mittelalter erlebte der Adelssitz viele Besitzer, die den gotischen Kernbau – Palas, Ringmauer und Ecktürme – im Laufe der Jahrhunderte erweiterten.

Den entscheidenden baulichen Impuls gab im 17. Jahrhundert der niederländische Generalmajor Freiherr von Spaen, Kämmerer in der klevisch-brandenburgischen Regierung.

Er baute die mittelalterliche Wasserburg in eine barocke Schlossanlage nach dem Vorbild der Schlösser in der Residenzstadt Kleve um. Seine Nachfahren verkauften Moyland später an den Brandenburgischen Kurfürsten Friedrich III., den ersten preußischen König.

Der Preußen-König besuchte sein kleines Schloss am Niederrhein bevorzugt zur Jagd. Und als Liebesnest. Seine Affäre mit einer Emmericher Bürgerstochter würzte den Klatsch an seinem Hof in Berlin: „Hel moie" war sie, Katharina Rickers, die Tochter eines Rheinschiffers, mit der Friedrich so gern Moylands Türme bestieg.

Der Sohn des königlichen Liebhabers, Friedrich II., adelte Moyland Jahrzehnte später durch eher geistige Leidenschaften. Friedrich der Große lud sich öfter Philosophen ein auf sein kleines Schloss am Niederrhein. Mit Voltaire entwickelte er 1740 einen Plan für eine „Wahrheitsmanufaktur", eine Philosophenakademie, die auf Moyland eingerichtet werden sollte.

Nach dem Siebenjährigen Krieg kühlte die Wahrheitsliebe des Großen Friedrich allerdings schnell ab. Er hatte einen königlichen Schuldenberg angehäuft und musste Moyland verkaufen.
Das Schloss ging an die holländische Handels-Dynastie der Steengrachts. Die nüchternen Handels-Barone investierten viel Zuneigung und Geld in das verträumte Wasserschloss. Mitte des 19. Jahrhunderts ließen sie Moyland durch den Kölner Dombaumeister Ernst Friedrich Zwirner in eine imposante neugotische Schlossanlage umformen, eingebettet in eine Parklandschaft.
Das gesamte Gebäude wurde mit Ziegeln ummantelt, die Rundtürme bekamen spitze Helme, über den Schlossgraben wurde eine neue Steinbrücke gebaut. Es entstand ein romantisches Dornröschen-Schloss.
Moylands Zerfall in der Neuzeit begann mit schweren Beschädigungen durch Bombentreffer in den letzten Kriegsmonaten 1945. Die Schäden wurden durch einen Brand 1956 noch größer. Die Besitzerfamilie van Steengracht suchte lange vergeblich nach Finanzierungsmöglichkeiten für einen Wiederaufbau und eine Nutzung.
Die entscheidende Idee zum Wiederaufbau hatten dann die Gebrüder van der Grinten, die für ihre umfangreiche Sammlung moderner Kunst einen Standort suchten.
Nach langer Restaurierung konnte 1990 die „Stiftung Schloss Moyland“ das wiederaufgebaute denkmalgeschützte Schloss als Museum für moderne Kunst eröffnen. Neben der weltweit größten Sammlung von Werken des Künstlers Joseph Beuys zeigen wechselnde thematische Ausstellungen bedeutende Entwicklungen der Kunst der Moderne. Auf Moyland erlebt der Besucher außerdem eine ungewöhnliche und harmonische Verbindung moderner Kunst mit der Gartenkunst des 19. Jahrhunderts. In den Laubengängen, auf den weiten Grünflächen und zwischen seltenen alten Bäumen im Schlosspark laden Skulpturen zu überraschenden Begegnungen ein.
Die Liebe zu den schönen Künsten hat das einstige Dornröschenschloss wieder wach geküsst. „Hel moie“.

Im Herrenflügel der Burg Brüggen hat eine Forstwirtin ihr Revier

Wenn Ernst Kerren sein Kostüm aus dem Schrank holt und sich in den herzoglich-jülischen Amtmann Werner Huyn von Amstenradt verwandelt, dann dürfen sich seine Gäste auf eine vergnügliche Stunde freuen.
Ernst Kerren ist Ortsführer in der Gemeinde Brüggen und kennt das historische Städtchen wie seine Westentasche.
Und wenn er erzählt, dann beginnt er in der Regel mit jener Heirats-Urkunde vom Heiligen Abend des Jahres 1289, in der die Burg Brüggen und ihre Mühle erstmals erwähnt wird.
Wenige Jahre zuvor hatten die Grafen von Kessel ihren Stammsitz an der Maas aufgegeben und hier im sumpfigen Gelände am Flüsschen Schwalm auf einer Kiesinsel ihren neuen Verwaltungssitz errichtet.
So entstand am Kreuzungspunkt der Handelsstraßen Venlo – Erkelenz und Köln – Roermond ein wichtiger und durch die Burg gut gesicherter Handelsplatz.
Gerhard von Jülich dürfte sich daher gefreut haben, als er 1304 die Burg erbte. Die Jülicher, 1356 durch Kaiser Karl IV. mit der Herzogswürde bedacht, bauten die Burg im Norden ihres Herzogtums zu einer Festung mit vier runden Türmen aus. Sie galt als uneinnehmbar.
Ein Irrtum.
1473 zerschossen die burgundischen Truppen Karls des Kühnen das Ausfalltor und zogen plündernd durch Ort und Burganlage. Nach den Kriegswirren wurde der beschädigte Bau repariert, der Herrenflügel erhielt ein weiteres Obergeschoss mit prächtigen Wohnräumen für Herzog Wilhelm V., den man offenbar zu Recht den „Reichen“ nannte.
Dreihundert Jahre lang, von 1494 bis 1794, war Burg Brüggen die nördlichste Grenzfestung des Herzogtums Jülich.
Dann kam Napoleon. Die französische Regierung verkaufte die Burg 1801 an den letzten Amtmann des Amtes Brüggen, Johann Ludwig Dortans.
Burg Brüggen blieb bis heute in Privateigentum.

Die Erben des Großhändlers Johann Heinrich Printzen, der sie 1815 ersteigert hatte, verkauften die Burg 1934 an die Familie Stroetges, die die Wirtschaftsgebäude zu einer beliebten Ausflugsgaststätte ausbaute.
Von dem alten, viertürmigen Bau der Grafen von Kessel ist heute nur noch der Herrenflügel und ein Burgturm erhalten, der seit Herbst 1994 wieder nach Vorbildern aus dem 17. Jahrhundert von einem Turmhelm geschützt wird.
Und was macht eine Diplom-Forstwirtin aus Hessen in dieser Burg?
Ganz einfach: Daniele Happ leitet das Jagd- und Naturkundemuseum, das seit 1979 neues Leben in die alten Mauern bringt und ab 2002 erweitert und mit neuem Konzept über viele Themen rund um die Jagd informiert.
Im Kellergeschoss finden die Besucherinnen und Besucher Informationen zum Naturpark Maas-Schwalm-Nette und im Erdgeschoss hat die Gemeinde Brüggen, die 1974 die Burg von der Familie Stroetges langfristig angepachtet hat, ihre Informationsstelle für Touristen eingerichtet.
Ernst Kerren alias Werner Huyn von Amstenradt kann noch viel erzählen.
Über die Klosterkirche St. Nikolaus, über das Kreuzherrenkloster, über die Schwalmpforte, über die Mühle der Burg Brüggen, deren unterschlächtiges Mühlrad heute nur noch für ein angenehmes Plätschern sorgt und deren Mahlwerk faszinierende Kulisse in einem Restaurant ist.
Aus dem Verwaltungssitz und Handelsplatz ist ein beliebtes Ausflugsziel geworden.
Ernst Kerren muss nicht befürchten, dass sein Kostüm im Schrank verstaubt.

Im Kavaliersbau von Schloss Benrath verlor „Effi Briest" ihr Herz

Ein Jahr vor ihrem hundertsten Geburtstag starb 1952 in Lindau am Bodensee Else von Ardenne. Als „Effi Briest" machte Theodor Fontane sie 1894 mit seinem berühmtesten Roman unsterblich. Ihren Geliebten, den Düsseldorfer Amtsrichter und Maler Erwin Hartwich, der am 27. November 1887 im Duell von Elses Ehemann Major Armand von Ardenne getötet wurde, hatte sie in Benrath kennen gelernt. Das östliche Kavaliersgebäude des Benrather Lustschlosses diente nämlich im 19. Jahrhundert den preußischen Offizieren der Garnison und damit auch den Ardennes als Unterkunft.
Kein Zweifel: „Effi Briest" wird Pflichtlektüre der Schülerinnen und Schüler des Schlossgymnasiums gewesen sein, das nach dem Auszug der Offiziersfamilien hier von 1911 bis 1980 untergebracht war.
Anders als „Effi Briest" wohnte der Erbauer des Benrather Schlosses, Kurfürst Carl Theodor von Pfalz-Sulzbach (1724-1799), nie in diesem Prachtbau. Seine Residenzstädte blieben Mannheim und München.
Als er 1746 als Landesherr erstmals Düsseldorf besuchte, fand er in Benrath ein 1651 erbautes barockes Wasserschloss seiner Vorfahren vor, das durch Feuchtigkeit und Brand heruntergekommen und als Sommer- und Jagdschloss nicht mehr zu gebrauchen war. Im Jahr 1755 beauftragte der Kurfürst seinen Oberbaudirektor Nicolas de Pigage (1723-1796) mit dem Neubau. Vom alten Schloss blieben lediglich der dann als Orangerie genutzte Nordflügel, der Treppenturm des Südflügels (heute Kapelle) und Torbauten an der Urdenbacher Allee erhalten.
In den Jahren bis 1770 entstand das neue Lustschloss im französischen Stil („maison de plaisance"), das als einzigartiges Zeugnis für den Geist des ausklingenden Barock am Beginn des aufgeklärten Humanismus gilt.
Die Anlage ist der Versuch einer Ideal-Verbindung von Haus und Garten, von Natur und Kunst.
Fünf Gebäude gruppieren sich um den Schlossweiher: Zwei Torhäuser (heute Naturkundliches Heimatmuseum und Café), zwei als Viertelkreise angelegte Kavaliersbauten zur Unterbringung des kurfürstlichen Gefolges (heute Heimatmuseum und Gartenkunstmuseum) und schließlich das auf einer Terrasse errichtete Hauptgebäude.

Hinter der Fassade des scheinbar nur eineinhalbgeschossigen Bauwerks verbergen sich vom Souterrain bis ins oberste Dachgeschoss fünf Etagen. Ein Gewirr von Stiegen, Treppen und Gängen verbindet die 80 Zimmer. Seidentapeten, Stuck, Wandtäfelungen und kostbare Parkettfußböden zieren die beiden kurfürstlichen Appartements, in Vestibül und Festsaal dominieren Marmor, Stuckmarmor und Stuckreliefs.
Nur ein einziges Mal, im März 1771, besuchte Kurfürstin Elisabeth Auguste (1721-1794) in Begleitung von Nicolas de Pigage das Benrather Schloss und gab im Festsaal ein Diner. Danach blieb der Prachtbau verwaist, wurde 1795 von den Franzosen besetzt und geplündert und diente im 19. Jahrhundert verschiedenen Fürsten als Sommerresidenz.
Das Genie von Nicolas de Pigage, der 1768 von Kaiser Joseph II. in den Adelsstand erhoben wurde, zeigt sich vor allem in der Verbindung der Gebäude mit der Natur. Die Strukturen des über 600.000 Quadratmeter großen Parks wurden für die dezentrale Landesgartenschau 2002 wieder behutsam hergestellt.
Nur ein relativ kleiner Teil der geometrischen Anlage mit dem schnurgeraden, 500 Meter langen Spiegelweiher wurde im 19. Jahrhundert dem Zeitgeschmack entsprechend umgestaltet.
Es war der berühmte Hofgärtner Maximilian Friedrich Weyhe, der 1807 und später gemeinsam mit seinem Vetter Peter Joseph Lenné im Jahr 1841 den Garten vor den Gemächern des Kurfürsten behutsam in einen kleinen Landschaftsgarten umgestaltete. Der Garten der Kurfürstin auf der gegenüberliegenden Seite des Schlosses wurde 1993 wieder als symmetrischer Parterregarten im französischen Stil hergerichtet. Zur Landesgartenschau 2002 rekonstruierten die Planer zwischen Hauptschloss und Orangerie den Küchengarten und einen Garten des Frühbarock.
Und in dem jetzt für knapp 30 Millionen Mark restaurierten Kavaliersbau, dort wo „Effi Briest" jene Liebesbriefe an Emil Hartwich schrieb, die später dem Ehemann als Beweismaterial für den Ehebruch dienten, werden nun die künstlerisch-philosophischen Aspekte der Gartenkunst präsentiert.

Prinzessin Luise liebte Schloss Eller als Wohnsitz und Motiv für ihre Aquarelle

Ein kleiner, wunderschöner Landschaftspark, glitzerndes Wasser zwischen wucherndem Ufergrün, hübsche Fachwerkhäuschen des ehemaligen Wirtschaftshofes und das sanfte Gelb einer schlichten, durch Fenster streng gegliederten Fassade: Schloss Eller muss man mögen.
Prinzessin Luise von Preußen hat es geliebt.
1843 erwarb die Gemahlin des Prinzen Friedrich von Preußen, Vetter des Preußen-Königs Friedrich Wilhelm IV., das Kleinod von Karl Freiherr von Plessen.
Der hatte die mittelalterliche Burg der Herren von Elnere, die erstmals in einer Urkunde aus dem Jahr 1309 erwähnt wird, 1821 von der Preußischen Krone gekauft.
Die Herren von Elnere zählten vom 12. bis zum 14. Jahrhundert zu den einflussreichsten Familien im Land, bis sie der Herzog von Jülich-Berg 1424 seiner Lehnshoheit unterwarf.
1468 erwarb Adolf von Quadt den Besitz und vergrößerte die Burg.
In den Folgejahren wechselte Eller mehrfach die Besitzer, ging dann durch Tausch an den Landesherrn, den Kurfürsten Johann Wilhelm zu Pfalz.
1743 diente die Burg dem Bergischen Oberjägermeister als Wohnsitz, 1815 schließlich fiel sie an die Preußische Krone.
An die mittelalterliche Burg erinnert nur noch der mächtige Turm.
Alles andere ließ Karl Freiherr von Plessen 1826 abreißen. Es entstand ein neues, schlichtes Landschloss.
Auch die inneren Wassergräben der alten Burg verschwanden.
Bis auf den östlichen Teil wurden sie zugeschüttet und – vermutlich von dem ebenso bekannten wie beliebten Düsseldorfer Hofgärtner Maximilian Friedrich Weyhe (1775-1846) – in einen großzügigen Landschaftsgarten verwandelt, der in die angrenzenden Kuhweiden überging.

Prinzessin Luise von Preußen war begeistert.
Dieses hübsche, kleine Schloss musste sie haben. Und sie bekam es.
1855 hielt sie Einzug und bewohnte es bis zu ihrem Tod im Jahr 1882.
Sie liebte ihr Schloss nicht nur, sie malte es auch, immer wieder und in vielen Variationen.
Angeregt von den Düsseldorfer Künstlern, die im Revolutionsjahr 1848 den berühmten Verein „Malkasten“ gründeten, malte die Prinzessin bezaubernde Aquarelle und Ölbilder vom Schloss und natürlich auch vom Landschaftspark, den sie mit Hingabe pflegen ließ und in Details ergänzte.
Zu ihren Lehrern zählten die Maler Friedrich Heunert und Caspar Scheuren, der durch einige Aufträge Kontakt zur Preußischen Königsfamilie bekommen hatte.
Von Scheuren stammt auch ein kleines Aquarell, das an eine gesellige Vergnügung dieser Jahre erinnert: die Geusenfahrten. Bei diesen Bootsfahrten erkundeten die Düsseldorfer Künstler den Rhein, seine Nebenflüsse und auch die kleineren Gewässer der Stadt.
„Geusenfahrt der Düsseldorfer Maler im Schlosspark Eller“ ist der Titel des Werkes, das der Künstler – vermutlich im Zusammenhang mit dem Einzug von Prinzessin Luise in Schloss Eller – gemalt hat.
Eine Huldigung an die adelige Malerin?
1938 kam das Schloss in den Besitz der Stadt Düsseldorf.
Der Park wurde 1950 als öffentliche Grünanlage für die Bevölkerung geöffnet.
Und die Kunst, wenn auch in einer ganz anderen Form, spielt im Schloss wieder eine Rolle.
Seit 1970 ist Schloss Eller Sitz der Düsseldorfer Modeschule.

MODESCHULE
DÜSSELDORF

Die Anregung für den „Englischen Garten" von Schloss Heltorf gab ein französischer Abbé

Ein Mann mit dem schönen Namen Zobodonus war als Zeuge dabei, als im Jahre 1288 Düsseldorf die Stadtrechte verliehen wurden. Er war von seinem Stammsitz Heltorf (helethorpe) im heutigen Ortsteil Angermund zur Verleihung gekommen.
Von dieser Burg, die schon im 11. Jahrhundert erstmals in den Urkunden auftaucht, ist nichts mehr vorhanden.
Die heutige Anlage wird geprägt durch eine barocke Vorburg (1693-96), deren Durchfahrt im Mittelturm den Blick freigibt auf die Fensterreihen des zweieinhalbgeschossigen klassizistischen Haupthauses. Es entstand in den Jahren 1822-27 nach den Plänen des Essener Baumeisters Heinrich Theodor Freyse.
1854 kam die neoromanische Schlosskapelle hinzu, in der jeden Sonntag um 11 Uhr eine Messe gefeiert wird.
Ihr gegenüber liegt die Bibliothek (1862), ein achteckiger Ziegelbau im neogotischen Stil. Die sogenannte „Brühlsche Terrasse" vor dem langen Nebenflügel – eine Art Loggia mit Rundbogenarkaden und dem abschließenden „Taubenturm" – wurde 1893 gebaut.
Um 1649 war Heltorf durch Heirat in den Besitz der Familie Graf Spee gelangt, die es bis heute bewohnt.
Die Wandmalereien im Gartensaal sind ein herausragendes Beispiel für die Historienmalerei der Romantik.
Franz Joseph Anton Reichsgraf von Spee, Erbauer des jetzigen Herrenhauses, hatte 1826 Maler der Düsseldorfer Akademie mit der Ausschmückung des Saales beauftragt.
Und noch etwas macht Schloss Heltorf zu einem besonderen Kleinod: Der Park, als „Englischer Garten" geplant von Maximilian Friedrich Weyhe (1775-1846), ist eine seiner ersten Arbeiten in Düsseldorf.
Die Anregung zur Gestaltung eines englischen Gartens kam übrigens von einem Franzosen, von dem vor der Revolution geflohenen Abbé Biarelle, der 1796 Gast des Grafen Karl Wilhelm von Spee war. Die Rhododendren des verträumten Parks wurden bereits 1830-40 gepflanzt und zählen zu den ältesten in Deutschland.

Für Napoleon wurde im Eiltempo der ehemalige Amtssitz der Oberjägermeister renoviert

Vier Tage mit Vollpension im Schloss Jägerhof, das eigens für diesen Zweck im Eiltempo für 33.000 Francs renoviert und möbliert worden war.
Wie es Napoleon und seiner Gattin Marie Louise bei ihrem Aufenthalt vom 2. bis 5. November 1811 im Jägerhof gefallen hat, ist nicht überliefert. Es wird nach frischer Farbe gerochen haben, denn vor der Ankunft des Kaisers diente das 1795 geplünderte Schloss als Lazarett und Unterkunft für die Schanzarbeiter, danach stand es jahrelang leer.
Es war der Landesherr Kurfürst Carl Theodor (1722-1799), dessen barocker Baulust Düsseldorf neben Schloss Benrath auch den Jägerhof verdankt. Hier in Pempelfort vor den Toren der Stadt hatte schon der legendäre Jan Wellem (Kurfürst Johann Wilhelm, 1658-1716) inmitten von Gärten ein Haus errichten lassen, um Jagdwagen und Jagdgerät unterzustellen. Dieses Zeughaus – seit 1909 als Orangerie genutzt – wurde im Zweiten Weltkrieg zerstört. Nur einer der drei reich mit Schnitzwerk verzierten Holzgiebel konnte aus dem Feuer gerettet werden und wird heute im Schloss Benrath aufbewahrt.
Mit dem Entwurf eines neuen Amtssitzes für den Bergischen Oberjägermeister in der Nähe des Zeughauses beauftragte Kurfürst Carl Theodor den 1701 in Aachen geborenen Baumeister Johann Joseph Couven.
Der anerkannte Architekt hatte aber das Pech, dass für den Kurfürsten auch ein junges Genie tätig war, das 1755 mit dem Neubau von Schloss Benrath betraut wurde: Nicolas de Pigage.
Couvens erster Entwurf einer symmetrischen, spätbarocken Schlossanlage mit zentralem Saal war Carl Theodor zu groß und zu aufwändig. Gleich nach dem Baubeginn 1752 beauftragte der Kurfürst – vor allem auch um die Kosten zu senken – seinen Favoriten Pigage, die Pläne von Couven zu überarbeiten. Der 22 Jahre jüngere Pigage vereinfachte den Entwurf, Couvens Grundidee blieb aber erhalten.
Erst 1772 wurde Schloss Jägerhof bezogen. Bis zur Plünderung 1795 war es Amtssitz der fürstlichen Oberjägermeister Carl Alexander von Blanckart und Graf Adolph von Berghe, genannt Trips.

Nachdem 1815 mit dem Wiener Kongress das Rheinland an Preußen gefallen war, diente der Jägerhof als Wohnsitz für die Angehörigen des preußischen Königshauses. Und er wurde – Architekt Couven hätte es gefreut – 1828 auf der Basis seines ursprünglichen Entwurfes um zwei Flügel erweitert. Aber die Flügel blieben keine hundert Jahre stehen. Als die Stadt 1910 das Schloss von den Preußen für 1,25 Millionen Mark erwarb, ließ sie zur Finanzierung die Flügel trotz massiver Bürgerproteste abreißen und machte aus dem Gelände zusammen mit dem rückwärtigen Garten Bauland.
Im 1920 erschienenen Düsseldorf-Roman „Möppi – Die Memoiren eines Hundes" schreibt Adolf Uzarski:
„Der Jägerhof, ein hübsches altes Barockschlösschen mit einem modernen Gitter. Früher sah es noch besser aus, als das Gitter noch nicht da war und die geschweiften Seitenflügel links und rechts noch standen. Leider hat man vor einigen Jahren diese beiden Seitenflügel – wie bei allem, was in Düsseldorf Flügel hat – abgerissen."
1943 brannte das Schloss nach einem Bombenangriff aus. 1950 wieder aufgebaut ist im Jägerhof heute das hervorragende Goethe-Museum untergebracht (Anton-und-Katharina-Knippenberg-Stiftung).
Der Dichterfürst kannte das Schloss. Er besuchte 1774 die gleich nebenan wohnenden Gebrüder Jacobi.
Nicolas de Pigage, des Kurfürsten „Erster Architekt und Generaldirektor der Gebäude und Gärten", überarbeitete aber nicht nur den Jägerhof-Entwurf. Nach seinen Plänen entstand auch der Hofgarten, der das Schloss mit der Stadt verbindet und Teil der dezentralen Landesgartenschau 2002 ist.
1796 für die Festungsanlagen abgeholzt, war der Hofgarten ab 1803 von Hofgärtner Maximilian Friedrich Weyhe wiederhergestellt worden und wird seitdem von den Düsseldorfern als „Volksgarten" genutzt.
Womit wir wieder bei Napoleon wären: Sechs Wochen nach seinem Aufenthalt im Jägerhof erließ er das Verschönerungsdekret für Düsseldorf und gab damit den Anstoß für die Erweiterung des Hofgartens bis zum Rhein.
Es scheint, als habe der Kaiser gut geruht im Jägerhof.

Ein Scheidungskrieg mit prominentem Anwalt brachte Schloss Kalkum in die Schlagzeilen

Nach dem Ja-Wort in der nahe liegenden Lambertus-Kirche ist die blassrosa gestrichene Fassade von Schloss Kalkum mit den langen Reihen hellblauer Fensterläden gern genutzte Kulisse für das Hochzeitsfoto.
Wer von der festlich gekleideten Gesellschaft ahnt auch schon, dass dieses Schloss im Vorfeld der bürgerlichen Revolution von 1848 Schauplatz eines erbittert geführten Scheidungskriegs war.
Auf der einen Seite Edmund Graf von Hatzfeldt, auf der anderen seine von ihm jahrelang gedemütigte Frau Sophie und ihr Geliebter: Ferdinand Lassalle. Der verliebte Student und spätere Arbeiterführer wechselte vom Philosophie- zum Jurastudium und erstritt für die 20 Jahre ältere Sophie in einem mehrjährigen Verfahren vor sechs Gerichten die Trennung vom ungeliebten Mann und die Rückgabe von Grund und Boden. Die dankbare „rote Gräfin" machte Lassalle durch eine jährliche Renten-Zahlung von 7.000 Talern finanziell unabhängig.
An Lassalle erinnert eine Gedenkstätte im Gartenhäuschen an der Mauer. Und seine Schriften werden gleich nebenan aufbewahrt. Das Schloss ist Hauptstaatsarchiv des Landes Nordrhein-Westfalen.
Vor dem Einzug der Hatzfeldts 1739 hatten die Herren von Winkelhausen hier im Düsseldorfer Norden östlich von Kaiserswerth ihren Rittersitz, den sie im 17. Jahrhundert zu einem Wasserschloss umbauten. 1806-1814 entstand dann die große, von einem Wassergraben umgebene klassizistische Vierflügelanlage mit den Ecktürmen, wie sie heute zu sehen ist. Und wieder einmal, wie sollte es zu dieser Zeit in Düsseldorf anders sein, wurde Hofgärtner Maximilian Friedrich Weyhe tätig. Nach einem Entwurf von 1808 entstand einer seiner typischen Landschaftsgärten mit interessanten Blickachsen, dichten Baumgruppen und ins Auge fallenden Solitärbäumen.
Viele dieser charakteristischen Bäume des Landschaftsgartens sind noch da, stehen auf mächtigen Stämmen in einem Meer von Wiesenschaumkraut und scheinen sich für das Hochzeitsfoto besonders fein gemacht zu haben.
Wer denkt da an Scheidungskrieg?

Hinter Eichen und Buchen ließ Käthchen sich suchen

Schon der Weg dorthin, durch den Borgheeser Wald, stimmt romantisch. Dann taucht, zwischen Buchen und Eichen versteckt, ein verschwiegenes kleines Schloss auf, aus dessen Fenstern warmes Licht in den Wald fällt.
Bei diesem Anblick freute sich im 18. Jahrhundert der preußische König manchmal auf leidenschaftliche Stunden. Denn hinter diesen hellen Fenstern erwartete ihn das „Schöne Käthchen“, seine bürgerliche Geliebte. Das Waldschlösschen gehörte seit 1680 ihrem Vater, Christophel Rickers, einem Rheinschiffer, der zu Vermögen gekommen war.
Der Preußen-König nahm Katharina Rickers später auch mit auf sein Schloss Moyland. Und noch viel später machte er die Schifferstochter zur Gräfin Wartenberg und nahm sie mit nach Berlin. Bis dahin erzählte man sich in Käthchens Heimatstadt Emmerich mit lustvoller Empörung saftige Geschichten über den König und die Eile, mit der er durch den Borgheeser Wald ritt. Wer das Schlösschen bei Emmerich heute besucht, sollte nicht so hetzen wie Friedrich I. von Preußen. Ein gemächlicher Spaziergang durch den Borgheeser Wald ist die richtige Einstimmung auf den ehemaligen Rittersitz: ein schmucker zweigeschossiger Backsteinbau, auf der Eingangsseite schön gegliedert durch große Pilaster und auf der Rückseite beherrscht von einem viergeschossigen, quadratischen Treppenturm mit Zwiebelhaube. Borghees wurde 1714 völlig neu aufgebaut, nachdem der Rittersitz baufällig geworden war. Das kleine Schloss war früher Teil eines Gutes und wird schon im 9. Jahrhundert erwähnt. Um das Jahr 1000 gehörte das Anwesen der Abtei Elten. Die dazugehörige Bauernschaft bekam dann 1298 den Namen Broickhese. Bis 1336 blieben das Gut und das Schlösschen Eigentum der Kirche. Die Eltener Äbtissin, Irmgard Gräfin von dem Berge, verkaufte es später an eine einflussreiche Kaufmannsfamilie. Diese neuen Besitzer des Herrenhauses nahmen später den Namen des Gutes Bruychese an, daraus entwickelte sich der heutige Name Borghees. Nach vielen Besitzer-Wechseln ging Borghees 1967 an die Stadt Emmerich. Der schöne Herrensitz wurde aufwändig wieder hergestellt und wird heute als Kulturzentrum genutzt. Bei einer Führung durch das Schloss sollte man nach den Lieblings-Geschichten der Emmericher über den König und Schön-Käthchen fragen...

ANNO 1680

Eine trutzige Burg für ein mächtiges Rittergeschlecht

Schloss Haag macht sie für den Besucher noch einmal lebendig – die Trutzigkeit der früheren Rittersitze am Niederrhein. Die nördlich von Geldern gelegene Burg bietet die seltene Gelegenheit, eine Schlossanlage mit Vorburgen und Innenhöfen zu besichtigen, die die frühere Befestigung durch Wehrgänge, Wassergraben und Türme noch gut erkennen lassen.
Die Geschichte des Schlosses erzählt vom seltenen Geschick zweier Adelsgeschlechter, sich über Jahrhunderte hinweg auf ihrer Stammburg zu behaupten.
Haus Haag war im 14. Jahrhundert von Wäldern und Sümpfen umgeben, sein Name geht auf das altdeutsche Wort haeg zurück, das ein Gehölz bezeichnete.
1353 wird von zwei Höfen in gheen Hage berichtet, die einem Johan von Boedberg gehören und zum Amt Geldern zählen. In der ersten Hälfte des 15. Jahrhunderts wird oft von einem Enkel dieses ersten Boedberg auf Haag berichtet, der auch Johan hieß; er gehörte offenbar zu den einflussreicheren geldrischen Rittern, bewachte als Rittmeister die geldrische Stadt Erkelenz und kaufte das Erbmarschallamt des Herzogtums Geldern.
Die von Boedbergs saßen von dieser Zeit an fest auf ihrer Burg – in direkter Erbfolge herrschten über Burg Haag Johan, Adrian, Cornelius, Adria und wieder ein Cornelius von Boedberg.
Dieser letzte Cornelius Boedberg starb 1586 unverheiratet und Haag fiel an seinen Bruder Arnold, der 1613 starb.
Erbansprüche machte ein Schwager geltend: Ulrich, Herr zu Hoensbroech, war mit Johanna von Boedberg, einer Schwester der letzten Boedberg-Brüder, verheiratet.
Ihr Sohn Adrian von Hoensbroech übernahm 1618 das Schloss und auch das Amt des Erbmarschalls. Nach Adrian blieb Haag im Eigentum der Familie von Hoensbroech, zwölf Generationen lang und bis heute. Eine solche Familientradition kann kaum ein niederrheinisches Schloss aufweisen!
Schon im 14. und 15. Jahrhundert hatten die von Boedbergs ihren Wohnsitz nach und nach zu einer befestigten Burg

ausgebaut. Mit Wassergräben, eindrucksvollen Rundtürmen mit Schießscharten, einer großen Umfassungsmauer mit einem weiteren viereckigen Turm und einem Wehrgang, der sich auf breite, gotische Spitzbögen stützte. Oberhalb des Wehrganges erkennt man noch heute die regelmäßig angeordneten Schießscharten.
Bis zum 16. Jahrhundert sicherten sich die Herren auf Haag ihre Macht als Ritter und Soldaten.
Mit den von Hoensbroechs im 17. Jahrhundert wandten die Haager sich der Diplomatie zu.
Arnold-Adrian Freiherr von und zu Hoensbroech vertrat den spanischen König Carl II. als Gesandter an fast allen deutschen Höfen – dieser erhob seinen klugen Verhandlungsführer später zum Marquis.
Arnold-Adrian ließ Schloss Haag von Grund auf erneuern.
Aus der wehrhaften Burg sollte der repräsentative Landsitz einer adeligen Gutsbesitzer-Familie werden. Das Haupthaus wurde mit zwei hofseitigen Risaliten neu errichtet, in den Nordflügel wurde eine aufwändige Tordurchfahrt eingefügt.
Bei dieser Gelegenheit wurde der noch heute erhaltene Architrav mit den Wappen Adrian von Hoensbroech und seiner Frau Katharina von Bochholtz angebracht: auf dem ersten ein Löwe auf einem mit vier Balken belegten Feld und auf dem zweiten drei Leopardenköpfe. 1877 wurde das Schloss von dem Baumeister Vincenz Statz noch einmal im neugotischen Stil umgebaut.
Von dem repräsentativen Schlossgebäude blieb nichts mehr übrig, als Haag 1945 von Bomben getroffen und viele Gebäudeteile zerstört wurden.
In den 70er Jahren wurden die Vorburg und Teile der Anlage aus dem 17. Jahrhundert wiederhergestellt. Das Gut ist noch heute Wohnsitz der Grafen von und zu Hoensbroech.
Spaziergänger schätzen die idyllische Lage von Haag, eingebettet in Wiesen und Felder der Niersniederung.
Vom Schlosspark aus führt eine über 1000 Meter lange Allee in den Wald.

Wo einst Ritterfräulein spazieren gingen, erholen sich jetzt müde Seelen

„Vielleicht war's, weil wir auf einem Schloss geheiratet haben? Oder weil mein Mann schon durch seine Familie in Breslau ein Faible für alte Gemäuer hatte..." Sylvia von Wallenberg-Pachaly wird auf sympathische Weise verlegen, wenn sie auf die „romantische Ader" zu sprechen kommt, die sie und ihren Mann 1988 bewogen, das damals ziemlich verfallene Rittergut Haus Steprath in Geldern-Walbeck zu erwerben.

Andreas von Wallenberg-Pachalys Faible für alte Gemäuer – und die Unterstützung des Landes und des rheinischen Amtes für Denkmalpflege – haben dem Herrensitz neuen Glanz gegeben. Alle Gebäudeteile wurden systematisch und mit viel Liebe zum Detail überarbeitet, der reizvolle Park wieder zum Blühen gebracht.

Die Geschichte des Herrensitzes begann mit einem Erbstreit in der Familie Schenck von Nideggen auf dem nahe gelegenen Schloss Walbeck. Weil Bruder Johann nicht teilen wollte, zog Bruder Diedrich aus dem Schloss aus und baute den im benachbarten Wald liegenden Bauernhof zum Adelssitz aus.

Aus der Zeit Diedrichs, aus der Mitte des 15. Jahrhunderts, stammt noch der Steprather Wach- und Wehrturm.

Vorburg und Herrenhaus des großzügig hingelagerten Gebäudekomplexes wurden in ihrer heutigen Form im 17. Jahrhundert gebaut.

Steprath wechselte nicht oft die Besitzer, fast 400 Jahre gehörte es der Familie von Doornick.

Von den Nachfahren der von Doornick-Nagel ging Haus Steprath an Sylvia und Andreas Wallenberg-Pachaly.

Das Analytiker-Ehepaar nutzt das weitläufige Haus heute als Wochenend-Refugium und als Praxis.

In dem geschichtsträchtigen Haus und seinem malerischen Park finden müde Seelen eine einladende Atmosphäre für Gespräche.

Haus Steprath beteiligt sich mit Konzerten und Lesungen auch am Kultur- und Touristikkonzept „Culture & Castles" für den Niederrhein.

Wenn auf der Bügelbahn die Kugeln rollen, ist an der Dorenburg der Teufel los

Wenn im August auf der Bügelbahn neben dem Pannekookehuus die Bügelmeisterschaften stattfinden, ist im Niederrheinischen Freilichtmuseum Grefrath der Teufel los.
Das lange Zeit in Vergessenheit geratene Bügelspiel lockt seit Jahren die Besucher in Scharen.
Mit dem Bügeln von Kleidern hat die Sache nichts zu tun.
Was da geschieht, erinnert ein wenig an Krokett.
Schwere Holzkugeln werden mit einem Holzschläger durch einen eisernen Ring (Bügel) getrieben.
Die Mannschaften versuchen, den Ring zu treffen und gleichzeitig den Gegner vom Ring fernzuhalten.
Die Bügelmeisterschaft ist eine von vielen Veranstaltungen in diesem wunderschönen Museum, das der Kreis Viersen 1973 eröffnete.
Zu sehen sind auf dem weitläufigen Gelände am Rande des Naturparks Schwalm-Nette typische Fachwerkhäuser des Niederrheins, Handwerksbetriebe und – als Dauerleihgabe eines Kölner Antiquitätenhändlers – in einer großen Scheune eine Spielzeugausstellung.
In drei Etagen ist auf einer Ausstellungsfläche von über 300 Quadratmetern historisches Spielzeug zu bestaunen – von Puppenstuben bis zur Modelleisenbahn.
Passend zu den Gebäuden des Museums sind die Hecken, Wege, Zäune, Gärten und Felder gestaltet.
An bestimmten Tagen wird gebacken und geschmiedet, gewebt und geflochten.
Unter den Tieren, die die Hofanlagen bevölkern, fallen besonders die Pferde auf, Rheinische Kaltblüter, die sich alljährlich beim Mairitt mächtig ins Zeug legen.
Das Herzstück dieses Freilicht-Museums ist weiß, hat hübsch geschwungene Giebel und ist von einem Wassergraben umgeben: die Dorenburg.

Als geldrischer Lehnshof taucht die Dorenburg 1326 erstmals in einer Urkunde auf.
Die heutige kleine Wasserburg stammt – so jedenfalls liest man es auf Wandankern des Nordflügels – aus der Zeit um 1630.
So sehr im Mittelpunkt wie heute, wo in den schönen Räumen des Hauses wechselnde Sonderausstellungen präsentiert werden, stand die Dorenburg nie in ihrer Geschichte.
Sie verlor sehr bald, vermutlich auch durch schlechte Bewirtschaftung, jegliche Bedeutung als Wehranlage.
Schon um 1800 übernahmen Bauern als Pächter das hoch verschuldete Anwesen.
Sie zogen Wände und Decken in die großen Säle ein und machten aus der Burg einen Bauernhof.
Die Vorburg verfiel. Über sie werden im Urkataster von 1820 keine Angaben mehr gemacht.
Vier Jahre dauerte die Restaurierung, ehe die Dorenburg im September 1973 zum Zentrum des Niederrheinischen Freilichtmuseums wurde.
Und auch wenn auf der Bügelbahn keine Kugeln rollen, ist das 1977 eröffnete Pannekookehuus beliebte Anlaufstelle.
Die ehemalige Posthalterei gegenüber der Dorenburg dient als Museumswirtschaft.

Erzbischof Gebhard flüchtete mit seiner geliebten Agnes durch einen Geheimgang

1580 verliebte sich der 33-jährige Kölner Erzbischof und Kurfürst Gebhard Truchsess von Waldburg in die hübsche protestantische Stiftsdame Agnes von Mansfeld. Eine Liebe, die einen Krieg auslöste.
Als ihn die Brüder von Agnes drängten, die Liebesbeziehung zu legalisieren, trat Gebhard zum Protestantismus über und feierte 1582 mit Agnes Hochzeit. Doch auch auf sein Kurfürstentum Köln wollte er nicht verzichten. Das rief die Habsburger, Kaiser Rudolf II. und den spanischen König Philipp II., auf den Plan.
Sie brauchten die katholischen Rheinlande für den Transport von Truppen und Material im Krieg gegen die protestantischen Niederlande. Noch schlimmer: Mit einem protestantischen Kölner Kurfürsten hätte sich im siebenköpfigen Kurfürsten-Kollegium, das den Kaiser wählte, die Stimmenmehrheit zugunsten der Protestanten verschoben. Keine Chance mehr für einen Habsburger, Kaiser zu werden.
Im April 1583 wurde Gebhard vom Papst exkommuniziert und seiner Ämter erhoben. Es war der Beginn des Kölner oder Truchsessischen Krieges.
Das Liebespaar suchte Schutz hinter den dicken Mauern von Burg Hülchrath. Ein dürftiger Schutz.
Herzog Friedrich von Sachsen-Lauenburg belagerte mit seinen Truppen die Burg, legte die Gräben trocken und brachte die neuen Geschütze in Stellung. Da nutzten die dicksten Mauern nichts, die Burg wurde gestürmt.
Doch was wäre so ein altes Gemäuer ohne Geheimgänge? Gebhard und Agnes konnten entkommen.
Burg Hülchrath, die mitsamt der Grafschaft 1314 vom Kölner Erzbischof Heinrich von Virneburg für 30.000 Pfund Silber gekauft worden war, wird erstmals in einer Urkunde aus dem Jahr 1120 erwähnt.
Die Bezeichnung „castellum munitissimum et vetusissimum“, sehr befestigte und sehr alte Burg, lässt vermuten: Hülchrath (Holkerode) hatte zu diesem Zeitpunkt schon eine Geschichte hinter sich, die nicht näher bekannt ist.
Nach der Flucht von Gebhard und Agnes wurden die zerstörten Mauern rasch wieder aufgebaut.

1608 wurde auch der kleine Ort mit Wall und Graben umgeben, die Burg um zahlreiche Bauten wie den Bastionsturm und die Innenhof-Arkaden ergänzet. An ein dunkles Kapitel erinnert der „Hexenturm“, in dem 13 Frauen eingekerkert waren, ehe sie Opfer des Hexenwahns und 1629 auf dem Scheiterhaufen verbrannt wurden.
Nach der Besetzung der Burg im Jahr 1687 während des französisch-niederländischen Krieges mussten die Kölner die Befestigungswerke schleifen lassen. Das Hochschloss blieb danach zwar bewohnt, verfiel aber langsam und wurde nach der Zerschlagung des Kurfürstentums Köln durch Napoleon 1803 für 4.929 Francs an die Familie von Pröpper verkauft.
Die Ringmauer, die vier runden Halbtürme, Reste des Palas und der fünfgeschossige viereckige Torturm erinnern an die Burg des 14. Jahrhunderts.
Dafür, dass das Ganze „wie im Bilderbuch“ aussieht, sorgte Graf Rudolf von Benningsen, der die Burg 1907 noch einmal entsprechend dem Zeitgeschmack in romantisierenden Formen um- und ausbauen ließ. Burg und Ort stehen komplett unter Denkmalschutz, ebenso wie das nur ein paar Steinwürfe entfernte Zisterzienser-Kloster Langwaden.
1954 kaufte die Familie Wennmacher aus Mönchengladbach Burg Hülchrath und versucht in den letzten Jahren verstärkt, das Gemäuer aus dem Dornröschenschlaf zu wecken.
Ob mittelalterlicher Markt mit Gauklern und Feuerschluckern auf dem Vorburggelände und im Schlosspark, ob Abseilen vom Schlossturm oder fürstliche Hochzeit mit Ritterschlag und Spielleuten, ob in Nebel und Licht getauchte Wasserläufe mit Kanufahrten auf dem Schlossgraben oder eine gespenstische Party zu Halloween: Für Erlebnishungrige gibt es nichts, was es auf Burg Hülchrath nicht gibt und worüber die Internet-Homepage des Schlosses nicht Auskunft gibt.
Und wenn dann zum Auftakt des Rittermahl-Spectaculums die Gäste den von einer Magd servierten Korn aus dem Zinnlöffel genossen und „ein schaurig Mär vom Jungfernraub“ erlebt haben, mag der eine oder andere an Gebhard und Agnes denken. Doch den geheimen Gang sucht man heute vergeblich.

Burg Hülchrath

Zehn goldene Ringe prangten über der Rundlingsburg

Eine schöne kreisförmige Baumreihe markiert noch heute den Ursprung von Schloss Ringenberg.
Es entstand im Mittelalter als Rundlingssiedlung, wurde im Dreißigjährigen Krieg aber fast vollständig zerstört.
Auf den mittelalterlichen Resten ließ im 17. Jahrhundert Alexander van Spaen den bis heute erhaltenen hufeisenförmigen Barockbau errichten. Seit 1987 gehört Schloss Ringenberg der Stadt Hamminkeln und beherbergt neben dem Standesamt eine Galerie und Ateliers für junge Künstler.
Als die Herren von Dingden im 13. Jahrhundert einen Ort für einen neuen Wohnsitz suchten, wählten sie mit Bedacht Hamminkeln, das auf der Grenze zwischen den Gebieten des Bischofs von Münster und des Herzogs von Kleve lag. Über ihrem neuen Burghaus ließen sie bald ein Wappen mit zehn goldenen Ringen anbringen – zum Zeichen dafür, dass sie als Freigrafen über zehn Gerichtsbarkeiten herrschten. Damit gaben sie der Burg ihren Namen.
Im 14. Jahrhundert warben die Herren von Ringenberg in den Niederlanden Fachleute für den Deichbau und die Trockenlegung an, um das sumpfige Gelände des Isselbruchs rund um die Burg zu kultivieren. Als Gegenleistung erhielten die niederländischen Deichbauer ein Stück Land in dem trocken gelegten Gebiet als Eigentum, sowie eine eigene Gerichtsbarkeit und Verwaltung. Da es solche Privilegien sonst nur durch Autorität einer Stadt gab, wurde das Gebiet um Ringenberg auf allen späteren Landkarten als „Stadt Ringenberg“ eingetragen.
Das Gelände rund um Ringenberg blieb zu feucht, um landwirtschaftlichen Nutzen zu bringen. Daher bemühten sich die Schlossherren um Verwaltungsaufgaben.
Aus Schloss Ringenberg wurde bald die Amtsburg des Herzogtums Kleve und blieb es bis um 1620. Nach der Zerstörung der Burg übernahm das Amt Ringenberg die Aufgaben eines preußischen Amtes, in dem sich fünf selbstständige Gemeinden zusammenschlossen. Im Jahr 1648 wurde Ringenberg „verschenkt“: als Mannslehen an den verdienten niederländischen Oberst Jacob van Spaen.

Auf den Fundamenten der mittelalterlichen Rundburg ließ sich die Familie van Spaen einen eindrucksvollen Wohnsitz nach dem Vorbild niederländischer Herrenhäuser bauen.
Die hufeisenförmige Anlage wird von zwei runden Ecktürmen mit Schweifhauben betont. Der rechte Seitenflügel bekam einen übergiebelten Einfang und hohe Kamine. Zugleich mit dem barocken Herrenhaus bauten Jacob und seine Brüder Alexander und Bernhard van Spaen auch die zerstörte evangelische Kirche wieder auf.
Schloss Ringenberg wechselte im 18. und 19. Jahrhundert oft die Besitzer. 1924 kaufte es Clemens Graf von Plettenberg. Nach dem Zweiten Weltkrieg waren die Schäden an den Gebäuden so groß, dass eine umfangreiche Renovierung nötig wurde.
Mit Hilfe von Landesmitteln konnte die Gemeinde Hamminkeln, die das Schloss 1987 kaufte, die schöne Anlage wiederherstellen. Einen großen Teil des Schlosses nutzt heute die Derik-Baegert-Gesellschaft für eine Galerie und stellt jungen Künstlern daneben Atelierwohnungen zur Verfügung.

RESTAURANT

Der Zug der Wiedertäufer von Haus Hall kam nie in Münster an

Johann van Leiden, Rothmann und Knipperdolling – wenn von Wiedertäufern die Rede ist, denkt man zunächst an diese drei, die in Münster das „Neue Jerusalem" errichteten und nach ihrer Schreckensherrschaft im Juni 1535 hingerichtet wurden.
Die Eisenkäfige am Turm der Lambertikirche, in denen man ihre Leichen zur Schau stellte, erinnern noch heute an dieses Ereignis.
Aber auch am Niederrhein hatte die Sekte, die sich während der Reformationszeit von Zürich aus verbreitete, ihre Anhänger.
Johann von Olmissen (genannt Mulstroe) machte den jetzigen Hückelhovener Ortsteil Ratheim zu einem Zentrum der Wiedertäufer. In Münster allerdings, wohin er sich 1533 mit zahlreichen Anhängern von seinem Wohnsitz Haus Hall aus auf den Weg machte, kam der Burgherr nie an. Die Ratheimer Wiedertäufer wurden unterwegs aufgehalten und gefangengesetzt.
Doch sie überstanden den missglückten Ausflug ganz gut. Die Herren von Olmissen waren noch bis 1794 Besitzer von Haus Hall, das 1248 erstmals in einer Urkunde als Stammsitz eines gleichnamigen Geschlechts erwähnt wird.
Danach war es für kurze Zeit Eigentum des Freiherrn von Zobel, ehe es 1833 vom Erzbistum Köln erworben wurde.
Heute wird das gepflegte Haus, dessen sattgelbe Fassaden weithin durch die Gehölze eines großzügigen englischen Landschaftsparks leuchten, von der Familie des Freiherrn Spies von Büllesheim bewohnt.
Der Mitteltrakt des an zwei Seiten von einem Teich umschlossenen Herrenhauses entstand 1785 als Nachfolgebau des spätgotischen Burghauses. 1904 wurden ergänzend die beiden Seitenflügel errichtet. Eine kleine Hauskapelle hat ihren Platz im Ostflügel der Vorburg, die als dreiflügelige Anlage wie das Herrenhaus im 18. Jahrhundert gebaut wurde.
Und wenn man Glück hat, öffnen sich die Schlosstüren zu einem Konzertabend.

Otto Pankok macht Haus Esselt zum Anziehungspunkt

Kein Feldherr oder Fürst, sondern ein Künstler hat es berühmt gemacht: Haus Esselt in Hünxe, bis zu seinem Tod im Oktober 1966 Wohnsitz von Otto Pankok.
Als 65-Jähriger hatte der von den Nazis als entartet diffamierte Maler und Grafiker 1958 nach seiner Emeritierung an der Kunstakademie in Düsseldorf den kleinen Herrensitz an der Issel erworben.
In der großen Scheune richtete Pankok sein Atelier ein. Nach seinem Tod 1966 bauten Ehefrau Hulda und Tochter Eva die Scheune aus und richteten dort das Otto-Pankok-Museum ein. Es ist seitdem Ziel einer wachsenden Schar von Kunstfreunden. 1968, im Jahr der Museumseröffnung, wurde auch die Otto-Pankok-Gesellschaft gegründet, die dem Werk des Künstlers neue Freunde gewinnen will.
Pankok, am 6. Juni 1893 als Sohn eines Arztes in Mülheim-Saarn geboren, zeichnete schon als Jugendlicher mit großem Talent und studierte an den Kunstakademien in Düsseldorf und Weimar. Schon in den dreißiger Jahren machten seine Kohlezeichnungen und Grafiken ihn bekannt.
Den Nazis waren die Arbeiten Otto Pankoks suspekt. 1939 landeten etwa 50 seiner Werke auf dem Berliner Scheiterhaufen. Dennoch arbeitete Pankok heimlich weiter, schuf ein umfangreiches Werk. „Seine Schwarzweiß-Palette ist so blühend reich, dass er unserer sinnlichen Vorstellung mit ihr auch die glühendsten Farbillusionen suggerieren kann", schrieb der Kunsthistoriker Wilhelm Worringer über Pankoks Arbeiten.
In den 60 Jahren seines Schaffens entstanden über 5000 große Kohlebilder, mehr als 600 Holzschnitte, 550 Radierungen und fast ebenso viele Blätter in anderen Techniken.
Dazu kommen noch 180 Plastiken.
Mit seinem Flugblatt „Christus zerbricht das Gewehr" und dem Holzschnitt „Haltet ein", der eine verzweifelte vietnamesische Mutter zeigt, beteiligte sich der kompromisslose Kriegsgegner aktiv am Protest gegen den Vietnamkrieg.

Haus Esselt, in dem Otto Pankok seinen Lebensabend verbrachte, taucht erstmals in einer Urkunde aus dem Jahr 1330 auf. Vermutlich diente das durch Gräben umgeleitete Flüsschen Issel als Schutz.
Ein Vertrag aus dem Jahre 1449 besagt, dass ein Johann von der Capellen auf dem Hof zu Esselt Lehnsmann der Herzogin Katharina von Cleve ist.
Die Familie lebt fast 300 Jahre auf dem Hof, bis Alexander van der Capellen 1709 den Besitz an Christoph von Loeben verkaufte. Der war es wohl auch, der das alte Gemäuer abtragen ließ und auf den Grundmauern den schlichten Barockbau errichtete, der heute die Gäste beeindruckt.
Nur die Kellergewölbe erinnern noch an das spätmittelalterliche Ursprungs-Gebäude.
Otto Pankok hat das Herrenhaus und die niederrheinische Landschaft immer wieder dargestellt.
„Die Umgebung scheint wie aus einem seiner Bilder entnommen“, beschrieb es einmal Rainer Zimmermann, Vorsitzender der Otto-Pankok-Gesellschaft.
„Darin spiegelt sich auch heute für den Besucher des Hauses Esselt und des Pankok-Museums etwas von der wunderbaren Einheit von Mensch und Werk wider.“

Prächtiges Schloss sucht betuchten Liebhaber

Der Blick durch das schöne Gitter des verschlossenen Eingangstores von Schloss Gartrop fällt auf die in dieser niederrheinischen Landschaft merkwürdig fremd wirkende Fassade der Schlosskapelle.
Der 1698 als evangelische Kirche errichtete Bau wurde – so wie die gesamte Vorburg – 1836 nach Plänen des Mülheimer Kreisbaumeisters W. Damen historisierend umgebaut. Für die Front der Kapelle diente dem Baumeister die Kirche des portugiesischen Dominikanerklosters Santa Maria da Victoria in Bartalha als Vorbild. Maurische Einflüsse sind unübersehbar.
Typisch barock dagegen das 1675 vollendete Schloss, das malerisch in der Niederung zwischen Lippe und Datteln-Hamm-Kanal liegt. Kostenrechnungen, Verträge und Pläne aus dem Archiv des Schlosses geben detailliert Auskunft über die Entstehung des an drei Seiten von Wasser umgebenen Gebäudes, dessen Fertigstellung sein Bauherr, Albert Gisbert von Hüchtenbruck (1615-1665), Erbkämmerer des Herzogtums Kleve, nicht mehr erlebte.
Es ist anzunehmen, dass der Neubau auf den Fundamenten einer spätmittelalterlichen Anlage errichtet wurde.
Der Name Hüchtenbruck (Huchtenbrock) wird 1376 erstmals erwähnt. Wenige Jahre später wird der klevische Amtmann Heinrich Hüchtenbruck (1392-1426) gemeinsam mit seinem jüngeren Bruder Evert als Besitzer von Haus Gartrop genannt.
Das Schloss blieb bis 1716 im Besitz der Familie Hüchtenbruck. Aber auch, als 1716 Freiherr Albert Georg starb, ohne einen männlichen Nachkommen zu hinterlassen, lebte der Name weiter.
Tochter Albertina Sibylla , die 1696 einen Reichsfreiherrn mit dem ebenso beeindruckenden wie langen Namen Ludwig Alexander Rolemann von Quadt von Wickrath zu Zoppenbroich und Meiderich geheiratet hatte, machte nämlich 1698 Albert Georg zum stolzen Großvater eines Jungen. Und der wurde flugs als Erbe eingesetzt mit der Auflage, Wappen und Namen der Hüchtenbruck anzunehmen.

Wilhelm Albrecht von Quadt zu Wickrath und Hüchtenbruck, so hieß der Sprössling, baute später die prachtvolle Einfahrt mit zwei Gartenhäusern und großen Sandsteinfiguren auf den Torpfeilern.
Auf der einen Seite wacht Concordia, die Göttin des Friedens und der Eintracht, ihr gegenüber Athene, Göttin des Handwerks und der Künste.
Die Figuren stammen von Johann Wilhelm Gröninger aus der bekannten westfälischen Bildhauerfamilie.
1836, das Schloss war mittlerweile durch Heirat in den Besitz des niederländischen Obersten Freiherr von Nagell gekommen, wurden Kapelle und Vorburg umgebaut, ältere Trakte der Vorburg dabei abgerissen.
In den Jahren 1880-85 war das Schlossinnere an der Reihe und wurde historisierend umgestaltet. Dabei überdachte man auch den kleinen Innenhof der Vierflügelanlage und schuf so eine Halle.
In dem etwa drei Hektar großen Landschaftspark, der 1836-45 nach englischem Vorbild angelegt wurde, entstand schließlich noch 1901 nach den Plänen von Architekt Hendriecks ein neuromanisches Mausoleum. Hier steht der gusseiserne Sarkophag mit den sterblichen Überresten seines Stifters, des 1903 verstorbenen Freiherrn Constantin von Nagell. Er ist der einzige der Familie, der in diesem Mausoleum beigesetzt wurde.
Als vor einigen Jahren ein Essener Professor Schloss Gartrop erwarb und damit begann, die Gebäude sehr behutsam zu restaurieren, hatten nicht nur die Denkmalschützer ihre Freude.
Die hielt allerdings nicht lange vor. Nachdem der neue Besitzer runde 16 Millionen Mark investiert hatte, gingen ihm die Mittel aus. Die Sparkasse Essen, Hauptgläubigerin im Vollstreckungsverfahren, hat bisher niemanden gefunden, der bereit ist, mindestens die Hälfte des auf 17,3 Millionen Mark festgelegten Verkehrswertes für das Schloss auf den Tisch zu legen oder ein geringeres Gebot abzugeben.
Das prächtige Schloss Gartrop sucht einen betuchten Liebhaber.

 Schloss Gartrop

Ein Hauch von Versailles am Niederrhein

Die Hochzeitsreise muss schön gewesen sein.
Als Fürst Leopold zu Salm-Salm 1893 mit seiner jungen Frau von den Flitterwochen in der Schweiz zurückkehrte, hatte er eine heitere Inspiration im Gepäck: Angeregt von der englischen Gartenbau-Bewegung und begeistert von den Natureindrücken am Vierwaldstätter See ließ er im Park des Anholter Wasserschlosses ein Stückchen Schweiz für seine Frau nachbauen – komplett mit Miniatur-See, Felsenlandschaft und Chalet.
Fürst Leopold war nur einer unter vielen Besitzern, die in der mächtigen barocken Schlossanlage und der malerischen Parklandschaft Zeugnisse ungewöhnlichen Gestaltungswillens hinterließen und einen Hauch von Versailles.
Seit über 800 Jahren weist der „Dicke Turm" Besuchern den Weg zum Anholter Schloss. Erbaut wurde er um 1169, zusammen mit einer Maueranlage und einem ersten, kleinen Burghaus. Im 14. Jahrhundert wurde diese Anlage erweitert: dazu wurden Pfahlroste als Fundamente in den sumpfigen Boden gelegt und Felsbrandsteine für das Mauerwerk benutzt. Das ursprünliche Wohnhaus – an der Nordostecke des heutigen Schlosses – wurde zur Wehrburg aufgebaut, mit einem neuen östlichen und südlichen Flügel. Zu dieser Zeit bestand die Burg an der West- und der Nordseite nur aus begehbaren Wehrmauern, die alle zwei Meter sechseckige Wachtürme trugen. Die Anlage hatte aber schon die heutigen Ausmaße. Erst im 16. Jahrhundert wurden auch die Wehrmauern zu Wohngebäuden umgebaut und nach und nach die Burg zu einer repräsentativen Barockresidenz umgestaltet. Dem Dicken Turm wurde ein hochragender Dachhelm aufgesetzt, die Wohngebäude, die Wehrgänge und Wachtürme bekamen einheitliche Schieferdächer.
Die Fassade wurde nun bestimmt durch große Fenster und einen einheitlichen Putz, der ein Quader-Muster eingeritzt bekam. An der Nordfront entstand ein zweigeschossiger Pavillon, als Zugang zur ersten großen Gartenanlage in Anholt.
Die Gärten waren im 16. und 17. Jahrhundert nach dem Vorbild französischer Gärten in repräsentativen symmetrischen Formen angelegt worden.

Im 19. Jahrhundert gestaltete zunächst der bekannte Düsseldorfer Maximilian Friedrich Weyhe die Anlagen in einen englischen Landschaftspark um, später wurden vor allem die Wasseranlagen noch einmal von dem englischen Gartenbaumeister Edward Milner überarbeitet.
Die Burg und ihre ausgedehnten Ländereien machten im Laufe der Jahrhunderte mächtige Adelsfamilien noch mächtiger: im Mittelalter die Familien von Sulen und von Gemen. Später die Bronckhorst-Batenburgs.
Durch Heirat ging Anholt im 17. Jahrhundert an die Reichsgrafen zu Salm. Die Reichsunmittelbarkeit des Fürstentums Salm und die Herrlichkeit Anholt wurde erst im Wiener Kongress 1813 aufgehoben, beide kamen zum preußischen Staat. Die Wasserburg Anholt blieb Wohnsitz der Familie Salm-Salm.
Heute beherbergt Anholt ein repräsentatives Parkhotel. Seit 1966 bietet ein Museum Einblicke in das gesellschaftliche Leben und die höfische Kultur auf Anholt vom Mittelalter bis zum Barock. In der Hofküche aus dem 15. Jahrhundert wird vorstellbar, welch perfekte Organisation hinter einer Einladung für 100 Personen an die fürstliche Tafel gestanden haben muss. Und die umfangreiche Porzellan-Sammlung lässt die Pracht barocker Tafelkultur wieder lebendig werden. Der Sammelleidenschaft des Fürsten Carl Otto zu Salm-Salm verdankt die Gemäldesammlung Arbeiten der bekanntesten niederländischen Meister, darunter auch Werke von Rembrandt, Brueghel und ter Borch.

Von der Burg des Raubritters Gerard von Dyck zum „Zentrum für Gartenkunst und Landschaftskultur"

Nein, Gerard von Dyck war nicht besonders nett zu seinen Mitmenschen.
Der freche Raubritter ging Erzbischof Friedrich III. von Köln und Herzog Wilhelm von Jülich und Geldern so auf die Nerven, dass sie beschlossen, seine Burg einzunehmen und zu zerstören.
Am 15. Juli 1383, nach sechswöchiger Belagerung, gab Gerard auf und akzeptierte zähneknirschend die Niederlegung seiner „burgh zer Dicke" mit all ihren Toren, Sälen, Mauern und Gebäuden.
Die Burg, um 1100 erstmals erwähnt, wurde zwar noch einmal aufgebaut, machte dann aber im 17. Jahrhundert jener prächtigen Anlage Platz, die heute als das bedeutendste Wasserschloss des Niederrheins gilt.
Kein Zweifel: Dieses Schloss Dyck im Städtedreieck Jüchen, Grevenbroich, Mönchengladbach ist etwas Besonderes.
Nicht nur, weil die beeindruckenden Gebäude bis heute kaum verändert worden sind.
Nicht nur, weil es von einem 53 Hektar großen Park umgeben ist, der als englischer Landschaftsgarten von berühmten Gartenkünstlern gestaltet wurde.
Sondern auch, weil der Stammsitz der Herren von Dyck bis heute in männlicher und weiblicher Erbfolge im Besitz der Familie geblieben ist, die sich seit 1445 nach Hochzeit und Erbschaften Salm-Reifferscheidt-Dyck nennt und 1804 in den Fürstenstand erhoben wurde.
Besonders zwei aus der großen Ahnengalerie setzten sich ein Denkmal.
Da ist zunächst Ernst Salentin Salm-Reifferscheidt-Dyck (1621-1684), der 1645 Schlossherr wurde. Das 1636 bei einem Brand stark beschädigte Schloss ersetzte er durch Neubauten: 1647 entstand die Scheune, 1653 Brauhaus, Reitstall und Wachstube, 1656-63 schließlich das vierflügelige Schloss, das Ganze umgeben von einem dreifachen System von Wassergräben und Teichen. 1761 kam noch der große Wirtschaftshof hinzu, 1763 die Kapelle und 1767 die als Fotomotiv besonders beliebte steinerne Brücke mit Pavillon.

Der zweite Schlossherr, der in Dyck für entscheidende Impulse sorgte, war Fürst Joseph Maria Franz Anton Fürst zu Salm-Reifferscheidt-Dyck (1773-1861).
Der Pflanzenliebhaber erwarb sich als Sammler von Sukkulenten und als botanisch interessierter Privatgelehrter einen Ruf. Außerdem hatte er sich, wie viele andere Schlossherren dieser Zeit, an den strengen Formen des Barockgartens seiner Vorfahren leid geguckt und träumte von einem Landschaftspark im englischen Stil.
1794 verpflichtete er Thomas Blakey. Der schottische Gartengestalter (1750-1838) hatte sich bereits in Paris mit der Anlage von Landschaftsparks einen Namen gemacht.
Rasenflächen, Baumgruppen, Schneisen, Blickachsen zum Schloss, seltene Baum- und Straucharten: Blakey zog alle Register. Spätere Ergänzungen seines Konzeptes stammen von nicht minder berühmten Parkgestaltern: Maximilian Friedrich Weyhe und Peter Joseph Lenné.
Zuletzt war es dann Hermann Mattern, Professor an der Technischen Universität Berlin, der 1962 im Auftrag von Fürstin Cecilie dem teilweise verwilderten Park das Erscheinungsbild dieses von seinen berühmten Vorgängern angelegten Kleinods zurück gab.
Heute wird Schloss Dyck wieder belagert.
Diesmal nicht von erzbischöflichen Söldnern, sondern von Gartenfreunden.
Schloss Dyck, zentraler Standort der an sieben Plätzen präsentierten Landesgartenschau 2002, ist neues „Zentrum für Gartenkunst und Landschaftskultur im Rheinland“. Dazu gehört ein Gartenkunstmuseum, das mit dem ebenfalls zur Landesgartenschau geschaffenen Gartenkunstmuseum im Düsseldorfer Schloss Benrath zusammen arbeitet.
Die Besucher erwartet nicht nur Historisches: Auf den Feldern vor dem Schloss hat ein Bonner Landschaftsarchitekten-Team ein Meer aus Chinaschilf gepflanzt, raschelnder Rahmen für Wege und Schaugärten.

PRO
DEO
ET
PATRIA.

Die stolzen Ritter von Burg Boetzelaer mussten schließlich doch den Nacken beugen

Die Ritter von Boetzelaer waren stolz und mächtig. Und sie legten sich vorzugsweise mit noch Mächtigeren an.
Die Überreste ihrer einst stolzen Burg gehören heute zu den ältesten Baudenkmälern am Niederrhein. Um sie zu erhalten und wieder aufzubauen hat auch der neue Eigentümer, Maximilian Freiherr von Wendt, einen Kampf aufgenommen – gegen die Zeit und für das öffentliche Interesse an dieser Aufgabe. Erste Siege hat er schon errungen.
Die Burg entstand im 12. Jahrhundert und steht am Südufer des sogenannten Boetzelaerer Meeres.
Das gleichnamige Adelsgeschlecht befestigte und erweiterte die Anlage über Generationen zu einem fast uneinnehmbaren, imposanten gotischen Kastell.
Das Haupthaus und zwei Vorburgen waren geschützt durch vier Türme, durch tiefe Gräben und Wehrgänge. Von Anfang an war die Herrlichkeit Boetzelaer allodial, dass heißt sie war keinem Mächtigeren lehenspflichtig.
Diese Unabhängigkeit machte die Ritter von Boetzelaer zu Intimfeinden der Klever Grafen. Über 200 Jahre trotzten sie den Angriffen aus Kleve. Anfang des 15. Jahrhunderts mussten sie sich nach vielen Gefechten geschlagen geben. Sie durften zwar auf ihrer Burg bleiben, mussten aber den Nacken beugen als lehenspflichtige Klever Untertanen. Im 17. Jahrhundert starb der letzte Herr von Boetzelaer und die Burg fiel an die Familie von Hertefeld, der sie bis ins 19. Jahrhundert gehörte.
Teile der Anlage waren wegen Baufälligkeit schon abgerissen, als Burg Boetzelaer im Zweiten Weltkrieg schwer beschädigt wurde. Der neue Besitzer, Maximilian Freiherr von Wendt, hat mit großem ideellen und finanziellen Engagement 1976 mit dem Wiederaufbau begonnen.
Inzwischen sind Teile der Vorburg, ein Turm und die Wehrmauern wiederhergestellt. In Zusammenarbeit mit dem Verein „Culture Castles“ will der Eigentümer die beeindruckende mittelalterliche Kulisse bald auch für kulturelle Veranstaltungen nutzen.

Die Schweine fühlten sich in den Eichenwäldern von „Campunni" sauwohl

Zunächst waren es Schweine, die sich in „Campunni" sauwohl fühlten – besser gesagt in jenen Eichenwäldern, die vor dem Bau der Stadt hier das Bild bestimmten. Im Heberegister der Werdener Benediktinermönche findet sich um 890 ein Hinweis auf die Wäldchen von „Campunni", die für die Schweinemast genutzt wurden.

Der Ort selbst, der heute Kempen heißt, taucht erstmals 1186 in einer Urkunde auf. Am 3. November 1294 erhielt er von seinem Landesherrn, dem Kölner Erzbischof Siegfried von Westerburg, die Stadtrechte. Für den spielte Kempen nach der 1288 verlorenen Schlacht bei Worringen als Bollwerk gegen die Grafen von Geldern, Kleve, Jülich und Moers eine wichtige Rolle.

Und hier beginnt auch die Geschichte jener Kempener Burg, die bis heute das Bild der Altstadt prägt. In nur vier Jahren, von 1396 bis 1400, ließ Erzbischof Friedrich von Saarwerden nach den Plänen seines Baumeisters Johannes Hundt eine neue Festung als Residenz der kurkölnischen Amtmänner auf den Resten des Vorgängerbaus errichten. Ein unübersehbares Zeichen der Macht, ebenso wie die starke Stadtbefestigung mit ihren vier Toren.

1634 hatten die Schießscharten und kleinen Luken der Burg ausgedient. Sie boten keinen Schutz mehr gegen die neuartigen Kanonen. Durch den Einbau großer Fenster wurde die Burg dem Zeitgeschmack entsprechend im Stil der Renaissance zum wohnlicheren Schloss umgestaltet. Als 1642 französische, hessische und weimarische Truppen im Dreißigjährigen Krieg Kempen eroberten, hatten sie daher ein leichtes Spiel.

Nach einem Großbrand, der 1851 den Hauptflügel stark beschädigte, wurde die Burg mit ihrem zweigeschossigen Winkelbau und den drei Ecktürmen im Stil der Neugotik wieder aufgebaut. Von 1863 bis 1925 „büffelten" in der Burg die Zöglinge vom „Gymnasium Thomaneum". An diese Zeit erinnert noch eine Statue des Thomas von Kempen über dem Hauptportal. Danach war die ehemalige kurkölnische Landesburg Sitz der Kreisverwaltung (1929-1984), heute beherbergt sie das Stadt- und Kreisarchiv.

Adelige wollten eine Garantie, dass ihnen die Decke nicht auf den Kopf fiel

Viele der rund 400 kleineren Rittergüter und Herrensitze am Niederrhein sind für immer in den Dornröschenschlaf gefallen, weil sich kaum ein Investor die hohen Restaurierungs- und Unterhaltskosten aufladen will.
Karl-Ernst Becker wollte.
Der Kunsthändler kaufte vor 20 Jahren in Kempen das marode Haus Steinfunder. „Rational ist so eine Entscheidung kaum zu erklären", meint er rückblickend zu dem tatsächlich enormen Restaurierungs-Aufwand. Vielleicht ist so eine Entscheidung auch besser nachzufühlen als zu erklären.
Im Herrenhaus aus dem 16. Jahrhundert, das als Privatwohnung genutzt wird, schaffen Teile der ursprünglichen Einrichtung eine besondere Atmosphäre: etwa die hohe Küche mit dem offenen Kamin oder der schöne Erker. Ein Saal mit einer Stuckdecke aus dem frühen 18. Jahrhundert wird gelegentlich für Ausstellungen genutzt. Im Park von Haus Steinfunder setzen klassisch moderne Skulpturen überraschende Akzente.
Über die Geschichte des Adelssitzes, der um 1350 erstmals erwähnt wird, ist wenig bekannt. An dem Allianzwappen am Hauptgiebel lässt sich ablesen, dass 1566 Thederich van der Part und seine Frau Anna van Neerhaven hier lebten.
Vor das ursprüngliche Fachwerk des Herrenhauses ist ein hoher Renaissancegiebel mit feinen Sandsteingliederungen gesetzt. Die Front wird außerdem geschmückt von drei lebendig wirkenden vollplastischen Köpfen und einem kleinen Erker. An das Haupthaus schließt sich der Anbau aus dem 17. Jahrhundert an. Seine Fassade zeigt noch die Reste zweier gotischer Eckflankiertürme.
Kurioserweise bekam Steinfunder im 17. Jahrhundert einmal von einer Landtagskommission attestiert, dass seine Räume wirklich über fünf Meter hoch und das Haus daher ein Adelssitz sei. Danach wurde eine Steuerbefreiung „auf ewige Zeiten" ausgesprochen.
Das „ewig" galt aber nicht einmal bis heute...

30 Generationen laden ein zur Begegnung mit der Moderne

„Unser Haus hat keine große aber ein lange Geschichte, hier haben über 30 Generationen niederrheinischen Adels gelebt.“ Dieser Geschichte lassen Ursula und Georg Keuck viel Raum in dem mittelalterlichen Rittergut, das sie zu ihrem ungewöhnlichen Zuhause gemacht haben.
Die fast fünf Meter hohen Räume sind weiß gestrichen, durch hohe Fenster fällt viel Licht auf alte Handwerkskunst: anmutige Gewerke, romanische Rundbogenfriese und schöne Ziegelkamine.
Und in feiner Abstimmung auf die mittelalterlich klaren Linien: moderne Gemälde an den Wänden.
Haus te Gesselen liegt versteckt zwischen Bäumen und Feldern bei Kevelaer-Wetten.
Der freistehende, über 20 Meter hohe Backsteinbau beeindruckt durch kunstvolle Schlichtheit.
Die Fassade gliedert sich allein durch zwei Renaissance-Giebel und die Holzsprossenfenster. Ein Teil der Ziegelmauern geht noch auf das 13. Jahrhundert zurück. Haus te Gesselen gehört zu den ältesten Rittersitzen an der Niers und war im Besitz namhafter niederrheinischer Adelsfamilien. Lange Zeit gehörte es den Eigentümern von Schloss Haag, der Familie von Hoensbroech.
Um die alte Handwerkskunst auf te Gesselen zu erhalten, war übrigens modernste Technik nötig. So mussten die neuen Besitzer Anfang der 80er Jahre unter anderem die morschen Eichenpfähle, die die Hausmauern tragen, freilegen und durch Betonhauben schützen lassen.
Auch finanziell ein enormer Aufwand, der nur mit Hilfe der Denkmalbehörden gelang.
Ursula und Georg Keuck wollten ihren Rittersitz nicht nur als Zeugnis der Geschichte in seiner Ursprünglichkeit erhalten sondern auch als einen Ort der Begegnung.
Das Lehrerehepaar gehört zu den Initiatoren des Vereins „Gesellschaft für niederrheinische Herrensitz-Spektakel“ und öffnet Haus te Gesselen regelmäßig für Lesungen junger Autoren und für moderne Musik.

In Gnadenthal spricht man wieder über Gott und die Welt

Die meisten Besucher kommen heute wieder nach Gnadenthal, um über Gott und die Welt zu sprechen.
So wie schon einmal, vor über 500 Jahren, als an Stelle des heutigen Schlosses ein Kloster der Chorherren des Augustiner-Ordens stand.
Das im 18. Jahrhundert gebaute klassizistische Schloss mit seinem prachtvollen Park beherbergt seit einigen Jahren ein Seminar- und Tagungshaus, das auch durch Konzerte und Ausstellungen auf sich aufmerksam macht.
Die Geschichte des Schlosses begann bescheiden – mit dem Konkurs eines Klosters im Mittelalter.
Heinrich Raescop, Propst und Archediakon der Kirche St. Marien, hatte in seiner Heimatstadt Uedem 1445 ein Augustinerstift gegründet. Durch Kriegswirren gerieten die Klosterbrüder bald in große wirtschaftliche Schwierigkeiten. Daraufhin wurde beschlossen, das Kloster auf einen alten Gutshof in der Pfarre Dornsbrüggen zu verlegen – einem heutigen Stadtteil von Kleve.
Auf dem Dornsbrügger Hof Ganswick saßen seit 1373 kleinere Adelsfamilien, denen der Propst von Kleve das Land für die Augustiner abkaufte. Nachdem der Papst die Gründung eines neuen Klosters in Dornsbrüggen genehmigt hatte, gab die Kirche Heinrich Raescop und seinen Augustiner-Chorherren den Ganswicker Hof am 12. April 1469 als „schatz- und dienstfreies Eigentum".
Der Konvent gab sich selbst den Namen Gnadenthal (gnadendael). Als Adresse für ihre Kirche und ihr Kloster nennen die Augustiner in den folgenden 130 Jahren auf ihrem Siegel vallis gratiae. Während der Kämpfe um Schinkenschanz wurde das Kloster erst belagert und dann geplündert, der Ort behielt seinen Namen aber auch, nachdem die Augustinermönche längst wieder zurückgekehrt waren in die Heimatstadt ihres Ordensgründers, nach Uedem.
Das Kloster war nach der Plünderung und einem Brand zur Ruine geworden – immerhin ließ sich aus den Steinen noch Geld machen für einen Neuanfang der Ordensgemeinschaft.

1663 kaufte Kurfürst Friedrich Wilhelm von Brandenburg den Augustinern die Steine für den Schlossbau in Kleve ab. Auch den Grundbesitz verkaufte die Kirche schließlich an einen Preußen: Der Geheimrat Werner Wilhelm Blasspiel fand in Gnadenthal den passenden Standort für eine repräsentative Residenz, er errichtete auf den Grundmauern des Klosters ein üppiges Barockschloss mit einem beeindruckenden Garten.
Mitte des 18. Jahrhunderts ging der Besitz an den Freiherrn Thomas Franziskus von Cloots, später durch Heirat an den Freiherrn von Hövell zu Westerflier und Wezefeld. Dieser ließ das Schloss klassizistisch umgestalten und den Barockgarten in einen englischen Landschaftspark umwandeln.
Schloss Gnadenthal ist bis heute im Besitz der Familie von Hövell zu Westerflier.
Schloss Gnadenthal beeindruckt durch seine Größe und durch die bewusst schmucklose Formensprache des Klassizismus. Der zweigeschossige verputzte Backsteinbau zeigt zur Gartenseite insgesamt fünfzehn Achsen mit zweiachsigen risalitartigen Flügeln und einem dreiachsigen Mittelrisalit, der mit einem Attikageschoss in die Dachzone hineinragt. Das Erdgeschoss des Mittelrisalits ist noch betont durch einen Balkon auf Säulen toskanischer Ordnung.
Im Zweiten Weltkrieg entstanden Schäden an Dächern, Mauern und im Inneren. Bei der Restaurierung wurde die Aufteilung der Räume im Inneren stark verändert und auf eine moderne Nutzung hin angepasst. Auch wurden neue Dachgauben eingesetzt, die den ursprünglich strengeren Eindruck der Architektur heute etwas trüben.
Das gesamte Areal des Schlosses wird noch heute auf niederländische Art von einem Grabensystem umschlossen. Die langgestreckte Schlossfassade spiegelt sich malerisch in einem Weiher.
Der Weg zu Schloss Gnadenthal führt über eine imposante Kastanienallee. Wechselnde Skulpturen-Ausstellungen im weitläufigen Schlosspark laden Gäste und Spaziergänger zu Muße und Meditation ein – wie die Augustiner-Chorherren sie hier schon pflegten.

Vom Schwanenturm aus schauten schon Beatrix und Anna über die niederrheinische Weite

Legenden sind ungerecht.
Sie machten die hübsche, neugierige Beatrix unsterblich und hatten für die spröde, kluge Anna kein einziges Kapitel übrig.
Beide residierten sie auf der Burg auf dem „Kliff".
Wann die Klever Burg genau erbaut wurde, ist nicht bekannt. Seit dem 11. Jahrhundert wurde sie von jenem Grafengeschlecht bewohnt, das in Beatrix seine Stamm-Mutter sah.
Das schöne Burgfräulein soll – bedrängt von Feinden in ihrer Not von dem sagenhaften Schwanenritter Lohengrin gerettet worden sein. Und obwohl er sie gewarnt hatte („Nie sollst Du mich befragen…") soll sie sich ein paar Jährchen nach dem ersten Kuss doch nach seiner Heimatadresse erkundigt haben. Worauf der Ritter mit seinem Schwan entschwand.
Die Klever Grafen führten den Schwan seither in ihrem Wappen.
Als Residenz der Grafen und Herzöge von Kleve wurde die Burg im 13. Jahrhundert zu einer der bedeutendsten staufischen Anlagen ausgebaut. Die Gebäude waren halbkreisförmig angelegt, mit zwei hochaufragenden Türmen.
Die Macht der Klever Herzöge war im 16. Jahrhundert so groß, dass der englische König sich eine ihrer Töchter als vierte Gemahlin aussuchte. Anna von Cleve hätte ein ebenso trauriges Ende gefunden wie ihre Vorgängerinnen an der Seite Heinrich VIII., wäre sie nicht listiger gewesen. Als der gekrönte Blaubart sich wenige Monate nach der Hochzeit nach einer Nachfolgerin umzusehen begann, schlug die Kleverin ihm einen Vertrag vor: sofortige Trennung und Annullierung der Ehe. Heinrich der VIII. schlug ein und Anna von Cleve rettete außer ihrem Leben sogar noch einen Teil ihrer Mitgift für sich.
Reichtum und Macht der Klever Herzöge endeten mit Johann Wilhelm, der 1609 ohne Erben starb. Danach fielen Kleve und die Grafschaften Mark und Ravensburg an Brandenburg. Neben Berlin und Königsberg wurde das kleine Kleve dritte brandenburgische Residenzstadt.

Auf der Schwanenburg hielt Friedrich Wilhelm, der Große Kurfürst, für längere Zeit Hof. Er ließ Kleve durch seinen Statthalter, Prinz Moritz von Nassau-Siegen, zu einer Garten- und Parkstadt von europäischem Rang ausbauen.
Von 1663 bis 1666 formte der niederländische Baumeister Pieter Prost die Klever Burg zu einem barocken Schloss um. Durch einen neuen Querbau gestaltete Prost zwei Innenhöfe, in denen die brandenburgischen Höflinge unter Arkaden lustwandeln konnten.
In der zweiten Hälfte des 18. Jahrhunderts verlor Kleve seine Bedeutung als Residenzstadt. Dazu wurde der Unterhalt der riesigen Anlage zu teuer.
Die Brandenburger ließen die Burg teilweise abreißen. Der prachtvolle Rittersaal aus dem 13. Jahrhundert und zwei der vier Burgtürme gingen dabei verloren.
Während der Zeit der französischen Herrschaft am Niederrhein, von 1794 bis 1813, richteten sich französische Verwaltungsbeamte auf der Klever Burg ein. Nachdem Kleve dann 1821 dem Regierungsbezirk Düsseldorf zugeordnet worden war, folgten den französischen die deutschen Beamten.
Die Schwanenburg beherbergt heute die Justizverwaltung und das Landgericht.
Im Oktober 1944 prallte bei einem Bombenangriff ein Flugzeug gegen den Schwanenturm. Die Explosion riss den halben Turm weg und richtete große Zerstörungen an den Gebäuden an. Die Kriegsschäden wurden alle behoben, auch der älteste Teil der Burg, ein Gewölbekeller aus dem 13. Jahrhundert, konnte renoviert werden.
Im Schwanenturm ist heute ein geologisches Museum untergebracht. Die Stadt Kleve nutzt die historischen Räume außerdem für wechselnde Kunstausstellungen.
Bei klarem Wetter hat man vom Schwanenturm aus einen beeindruckenden Blick.
Von seiner Spitze schauen Besucher, wie schon Beatrix und Anna, über die niederrheinische Weite bis in die Niederlande.

Auf Liedberg soll der Sonnenkönig mit dem Kölner Erzbischof „geklüngelt" haben

Zugegeben – mit den Burgen an Rhein und Mosel, die von hohen Felsen übers Land schauen, ist sie nicht zu vergleichen. Aber unter den niederrheinischen Burgen ragt die Landesburg Liedberg immerhin 20 natürliche Höhenmeter heraus. Neben dem herzoglichen Schloss in Kleve und Burg Elten auf dem Eltenberg ist Liedberg eine der wenigen am Niederrhein erhaltenen Höhenburgen.

Der kleine Berg aus Sandstein, im Nordwesten des heutigen Kreises Neuss, zog schon seit der Römerzeit die Burgenbauer an. Sie hinterließen Überreste zahlreicher Befestigungsbauten. Erhalten geblieben sind zwei Anlagen, die sich auf den beiden Kuppen des Liedbergs heute gegenüberstehen: das frühere Schloss und der sogenannte „Mühlenturm", die Ruine einer wesentlich älteren Turmburg.

Die ersten Herren auf Liedberg beherrschten von ihrer Burg aus das Gebiet zwischen der unteren Erft und der Niers, über sie ist wenig bekannt.

In der zweiten Hälfte des 13. Jahrhunderts gelangte Liedberg an die Grafen von Jülich, denen der Kölner Erzbischof den neuen Besitz bald streitig machte.

Nach längeren Kämpfen siegten 1279 die Ritter des Erzbischofs und Liedberg blieb von da an lange in Kölner Besitz. Anfang des 15. Jahrhunderts baute Erzbischof Friedrich von Saarwerden Liedberg zu einer trutzigen Landesburg aus. Reiche und einflussreiche Adelsgeschlechter übernahmen in den folgenden Jahrhunderten die Herrschaft über das Schloss und das kurkölnische Amt Liedberg – immer als treue Gefolgsleute des jeweiligen Erzbischofs.

Wie eng die Verbindung zu Köln war, zeigt ein geheimes Treffen, das 1701 auf Liedberg stattgefunden haben soll. Der damalige Kölner Erzbischof, Josef Clemens von Wittelsbach, hatte gemeinsame Sache mit Ludwig dem XIV. gemacht und dabei für sich und den königlichen Komplizen tief in die Bistums-Kassen gegriffen. Als die Untreue des Bischofs bekannt zu werden drohte, soll der Sonnenkönig selbst nach Liedberg geeilt sein, um Schaden für sich selbst abzuwenden.

Für diese Geschichte spricht die Tatsache, dass Josef Clemens, nachdem er noch im gleichen Jahr als Erzbischof entmachtet wurde, in Frankreich ein komfortables Exil fand.
Auch andere Kölner Erzbischöfe müssen den jeweiligen Liedberger Amtsherren besonders verpflichtet gewesen sein. Sie unterstützten sie lange durch großzügige Bautätigkeit. Das Schloss wurde mehrfach erweitert, bekam eine eigene Kirche und wurde Ende des 18. Jahrhunderts im barocken Stil erneuert.
1826 kaufte Freiherr Leopold von Fürstenberg der kurkölnischen Verwaltung Schloss Liedberg ab, es blieb bis 1974 im Besitz seiner Familie.
Im ZweitenWeltkrieg wurden große Teile des Schlosses durch eine Brandbombe zerstört.
Nach einer längeren Zeit des Verfalls gründete sich 1978 unter Vorsitz des damaligen Bürgermeisters Graf Spee ein Förderkreis Schloss Liedberg. Mit großem finanziellen Aufwand wurden seitdem Herrenhaus, Ringmauer, Torbau und Mittelturm wieder instand gesetzt. Und der niederrheinischen Ebene eine ihrer wenigen Höhenburgen erhalten.

 Schloss Liedberg

Wie von Riesen aus einem Baukasten zusammengeklaubt

„Es ist ein ungegliedertes Gefüge, ein Nebeneinander gewaltiger Baumassen, wie von Riesen aus einem Baukasten zusammengeklaubt..."
So beschrieb Jakob Bremer 1939 den Eindruck, den Schloss Myllendonk von weitem auf Besucher macht.
Tatsächlich erscheint der Backsteinbau mit seinen wuchtigen Proportionen wie für mächtigere Wesen als Menschen gebaut: Eine wuchtige Wohnstatt für die Herren von Myllendonk, die zusammen mit dem Grafengeschlecht von Kessel über Jahrhunderte eine führende Rolle unter den Adelsgeschlechtern am Niederrhein spielten.
Die Burg liegt auf dem östlichen Ufer der Niers, der erste Teil ihres Namens dürfte auf die zahlreichen Mühlen zurückgehen, die früher an diesem Fluss arbeiteten.
Der Namensteil „donk" steht für eine Uferanhöhe, die vom Hochwasser nicht erreicht werden konnte.
Die strategische Bedeutung der Wasserburg wird schon in der ersten bekannten urkundlichen Erwähnung deutlich:
Am 12. April 1263 trugen Dietrich, Besitzer und Herr auf Myllendonk und sein gleichnamiger Sohn suburbia sita ante castrum nostrum, also die Vorburg ihres Schlosses, dem Erzbischof von Köln zu Lehen auf.
Ein Geschäft auf Gegenseitigkeit:
Der Erzbischof durfte einen Teil der Burg für seine militärischen Zwecke nutzen und musste dafür der Burg und ihren Bewohnern im Falle eines Angriffs Schutz gewähren.
Dass nur ein Teil einer Burg oder einer Wehranlage zu Lehen aufgetragen wurde, ist ein zu dieser Zeit ungewöhnliches Abkommen und ein deutlicher Hinweis auf das Selbstbewusstsein der Herren auf Myllendonk.
In den folgenden Jahrhunderten wussten die Besitzer die strategisch günstige Position der Burg immer wieder zu ihrem eigenen Vorteil zu nutzen. In den Auseinandersetzungen zwischen den Grafen von Kleve und den Herzögen in Geldern nahmen sie bald die Rolle der gutbezahlten Grenzwächter ein.

Im 14. Jahrhundert gelangte die Burg durch Heirat an die geldrische Familie von Mirlaer, die fast 300 Jahre auf Myllendonk herrschte.
Aus der Lehensabhängigkeit der Herrschaft von Geldern löste sich Myllendonk erst im Jahr 1700, als die Gräfin Maria Gertrud von Berlepsch neue Besitzerin wurde. Myllendonk wurde reichsunmittelbar und bekam den Status eines Kleinstaates.
Seit nahezu 150 Jahren ist das Schloss jetzt im Besitz der Familie von Wüllenweber. Die heutigen Burgherrinnen, Elke und Marie-Luise Wüllenweber, haben den Besitz in einen feudalen Golfclub umgestaltet.
Seit dem Mittelalter war allen Herren auf Myllendonk eines offenbar gemeinsam:
Sie hielten nichts davon Altes abzureißen, wenn nötig, bauten sie Neues einfach daneben. So besteht Myllendonk heute aus drei Gebäudeteilen auf drei Inseln, verbunden jeweils durch Brücken. Zuerst eine weiträumige, dreiflügelige Vorburg aus dem 18. und 19. Jahrhundert mit Wirtschaftsgebäuden, dann eine dreigeschossige Torburg aus dem 16. Jahrhundert und schließlich das Herrenhaus auf einer künstlichen Anhöhe mit zwei wuchtigen, viereckigen Türmen.
Alle Gebäude sind aus Backstein gebaut.
Die Entstehung des Torhauses an der ersten, äußeren Vorburg, geschmückt mit einem Dreiecksgiebel, lässt sich an der Inschrift anno 1710 ablesen. An allen drei Flügeln der Vorburg verblüffen unter der Traufe lange Reihen von Tauben-Ausflugslöchern: Im 18. Jahrhundert hielt man sich auf vielen Schlössern Tauben als besondere Delikatesse – auch auf Myllendonk.
Vor dem Herrenhaus erstreckt sich ein schöner terrassierter Garten mit einem Pavillon aus dem 17. Jahrhundert.
Die Schlossanlage beeindruckt nicht nur durch ihre Größe, sondern auch durch ihren „wilden" aber durchaus malerischen Stil.

Eine 1000-jährige Geschichte bietet ein Konzept für die Zukunft

Wer das älteste Dokument über die uralte Wasserburg Zelem finden will, muss bis nach Paris reisen. In der französischen Nationalbibliothek wird eine Handschrift aus dem 12. Jahrhundert gehütet, in der die riesigen Klever Besitztümer in dieser Zeit aufgelistet werden, darunter auch der Besitz Zelem – comes de Selceim. Damals brachten die Burg und der dazugehörige Landbesitz der Mönchsgemeinde von Rindern, heute ein Stadtteil von Kleve, beträchtliche Abgaben ein.
Nach der Auflösung der Mönchsgemeinde hatte der jeweilige Herr von Zelem, der comes, diese Abgaben an die Abtei von Echternach zu zahlen. Einem comes, einem Stellvertreter des Königs, waren dafür im Gegenzug viele Privilegien sicher – er entschied unabhängig über Verwaltung, Gericht und Bewaffnung.
Die Herren auf Zelem wussten ihre Stellung als „kleine Könige" im Laufe der Jahrhunderte geschickt zu nutzen.
Zelem dürfte, wie die meisten Herrensitze am Niederrhein, aus einer Motte entstanden sein, einer befestigten Wehranlage auf einem künstlich angelegten Hügel. Während der Zeit des großen Landausbaus am Niederrrhein, zwischen dem 10. und 13. Jahrhundert, kam solchen Wehranlagen große strategische Bedeutung zu: Sie sicherten regionale Grenzen und boten Schutz vor durchziehenden Feinden. Zur Wasserburg wurde Zelem erst später – nach der Wiedereinführung der Backsteine als Baumaterial. Die steinerne Burg Zelem lag einige Jahrhunderte hindurch auf einer Insel, umgeben von einem Wasserring.
Seine Blütezeit als Burganlage und Wirtschaftsgut erlebte Zelem vom 13. bis zum 19. Jahrhundert.
Über seine Besitzer lässt sich Genaueres erst ab dem 14. Jahrhundert sagen. Zum Beispiel über jenen Dietrich von Horn, den die Klever Grafen von 1347 bis 1368 mit dem Besitz von Zelem belehnten. Seine Familie war als Pfandbesitzerin von Kranenburg zu Einfluss und Wohlstand gekommen.
Dietrich nannte sich entsprechend selbstbewusst „Herr von Kranenburg" und ließ seine Stadt durch einen Wall und einen Graben befestigen. Er versuchte sich so unabhängig wie möglich von den Grafen in Kleve zu machen.

Dieser Selbstständigkeit drohte ernste Gefahr, als sein Onkel und Lehensherr, Johann von Kleve, kinderlos starb: Ein neuer Herr auf der Klever Burg hätte Dietrichs Unabhängigkeit empfindlich beschneiden können. Dietrich wagte einen riskanten aber geschickten Schachzug. Vor einem Schiedsgericht meldete er kurzerhand als Neffe des verstorbenen Grafen einen eigenen Erbanspruch an. Das Gericht entschied zwar gegen ihn – sprach ihm aber eine Entschädigung von 37.000 Goldschilden und bessere Lehenseinkünfte zu, unter anderem durch Einführung eines Deichprivilegs.
Nach den von Horns ging Haus Zelem im 15. Jahrhundert in den Besitz der Familie Palant, deren Wappen noch heute neben dem Eingangsportal und über dem Kamin im östlichen Turmzimmer prangt. Die Palants machten aus dem Rittersitz im 16. Jahrhundert ein repräsentatives Herrenhaus im Renaissancestil. In den folgenden 200 Jahren gehörte der Besitz den Familien Wylich zu Diersford und von Esebeck und wurde im klassizistischen Stil umgeformt. Im 19. Jahrhundert kamen landwirtschaftliche Nutzgebäude dazu. Seit 1926 gehört der Herrensitz Zelem der Unternehmerfamilie Arden.
Seit 2001 erarbeiten einige Besitzer niederrheinischer Burgen und Schlösser ein gemeinsames Erholungs- und Kulturprogramm für die Region. „Culture Castles" am Niederrhein verbindet nach englischem Vorbild Geschichtserlebnis mit Erholung und Exklusivität. Gudrun und Jochen Arden, die heutigen Besitzer von Zelem, wollen ihren alten Rittersitz, seine 1000-jährige Geschichte und seine bevorzugte Lage in der weiten Wiesen-Landschaft zwischen Kranenburg und Kleve mit einbringen in dieses zeitgemäße „Culture Castles"-Konzept.

Ein gut betuchter Seidenhändler schuf am Linner Mühlenbach sein „Arkadien"

Landschaftsplaner geraten ins Schwärmen, sprechen von einem „parkgewordenen Traum" und vom „niederrheinischen Arkadien".
Die Rede ist vom Park jenes Schlosses, das sich der Krefelder Seidenhändler Cornelius de Greiff hinter dem Stadtgraben von Krefeld-Linn 1838-1843 erbauen ließ und „Greiffenhorst" nannte.
Das Schloss selbst, ein schöner, klassizistischer Bau mit umlaufender Terrasse vor dem dritten Geschoss, ist heute im Besitz der Stadt Krefeld und wird für kulturelle Veranstaltungen genutzt.
Doch mehr noch als diese beeindruckende Kaufmannsvilla ist es der sie umgebende Greiffenhorstpark, der fasziniert.
Cornelius de Greiff, der 1806 auch die Ruine der benachbarten mittelalterlichen Burg Linn gekauft hatte, war ein kunstsinniger Mann.
Und so engagierte er für den Park, den er für sein neues Schloss und für die Burg anlegen wollte, den bekanntesten Gartenplaner seiner Zeit: Maximilian Friedrich Weyhe.
Der Düsseldorfer Hofgärtner erdachte für die langgezogene, schmale Fläche am Linner Mühlenbach einen klassischen Landschaftsgarten mit geschwungenen Wegen, deren Verlauf immer wieder durch Baum- und Strauchgruppen oder Hügel verdeckt wird und den Spaziergängern nach jeder Wegbiegung neue Perspektiven bietet.
Die Wege verlaufen zu beiden Seiten des immer wieder zu schmalen Weihern umgestalteten Bachlaufes und sind durch mehrere Brücken miteinander verbunden.
Markante Bäume wie tiefrote Blutbuchen und zartgrüne Linden setzte Weyhe ebenso wie Blickverbindungen in die freie Landschaft geschickt ein, um das Gefühl von Weite zu erzeugen, Visionen von einer ideal geformten, harmonischen Landschaft.
Als Teil der Landesgartenschau 2002 erlebt dieses „Arkadien am Niederrhein" eine Renaissance.

Eine mächtige Burg, ein hübsches Jagdschloss, ein spannendes Museum und ein kleiner Park

Mächtig ragt sie empor auf ihrer Motte, dem aufgeschütteten Hügel: Burg Linn.
So kurios es klingt: Die wohl stattlichste Burg am Niederrhein konnte ihren ursprünglichen Charakter bis heute bewahren, weil sie im Spanischen Erbfolgekrieg 1702 in Brand geschossen wurde, 1704 weitere Gebäudeteile durch ein Feuer zerstört wurden und der Rest mit den erhaltenen Räumen als Ruine in einen Dornröschenschlaf fiel.
Auch der Seidenhändler Cornelius de Greiff, der die Ruine 1801 nach dem Frieden von Luneville von den Franzosen erwarb, nahm keine großen Veränderungen vor.
So ist Linn eine der wenigen niederrheinischen Wasserburgen, die nicht durch Umbauten oder historisierende Ergänzungen im Kern verändert wurde. Die Stilentwicklung ist gut erkennbar: Romanisch der Wohnturm, frühgotisch die Ringmauerburg mit Wehrgang, hochgotisch das Schloss, aus der Renaissance der Mauerring, aus der Barockzeit die Erdwallbefestigung. 1993 erhielten Kernburg und der Rundturm in der Ringmauer neue Dächer, die erhaltenen Räume, darunter die Küche und zwei Säle, wurden mit alten Möbeln eingerichtet.
Ihren Namen verdankt Burg Linn dem gleichnamigen Rittergeschlecht, das um 1188 erstmals erwähnt wird. In jenem Jahr, so verrät eine Urkunde im Kölner Stadtarchiv, erwirbt der Kölner Erzbischof Philipp von Heinsberg (1167-1191) den Stammsitz der Ritter von Linn, der in den folgenden Jahrhunderten immer wieder zum Zankapfel zwischen Kleve und Köln wird.
Vermutlich war es dann Erzbischof Friedrich von Saarwerden (1370-1414), der neben der Landesburg Kempen und Burg Friedestrom in Zons die Burg Linn in ihrer jetzigen Form zu einer mächtigen Festung ausbauen ließ.
Nach den starken Beschädigungen im Jahr 1702 bemühte man sich zunächst, die Burg wieder instand zu setzen. Aber das wurde bald aufgegeben. Stattdessen ließ Kurfürst Clemens August auf der anderen Seite des Burggrabens im Vorburggelände um 1730 ein neues Jagdschloss bauen.

Der neue Hausherr Cornelius de Greiff ließ es 1835-1840 umbauen, ohne den Charakter zu verändern.
Bis 1926 blieb Linn im Besitz der Familie, dann kaufte die Stadt Krefeld Jagdschloss und die Burg.
Der Krefelder Gymnasialprofessor Karl Lembert richtete im Jagdschloss 1928 ein Heimatmuseum ein und legte damit den Grundstein für das heutige „Museum Burg Linn“.
Seine Arbeit wurde fortgesetzt von dem Geologen Professor Albert Steeger, der sich als Autodidakt unter anderem der Siedlungs- und Hausforschung, Kunstgeschichte und Archäologie widmete. Steeger gab 1936 seine Stelle als Rektor einer Krefelder Schule auf und widmete sich ganz dem Aufbau des Museums.
Heute sind in der Burg, im Jagdschloss und in einem benachbarten Luftschutzbunker aus dem Zweiten Weltkrieg interessante Sammlungen zur Archäologie, Volkskunde und Kulturgeschichte zu sehen.
Und an Sonntagen gibt es im Jagdschloss, dessen Räume mit vielen Originalmöbeln der Familie de Greiff ausgestattet sind, auch etwas zu hören: Dann erklingen historische mechanische Musikinstrumente.
Vergeblich suchen wird man die alten, geraden Verteidigungsgräben. Auch hier wurde, wie schon beim benachbarten Schloss Greiffenhorst, der Gartenkünstler Maximilian Friedrich Weyhe (1775-1846) im Auftrag von Cornelius de Greiff tätig.
Er machte aus den Bollwerken Aussichtshügel, gab den Wasserflächen ebenso wie den Wegen geschwungene Linien, pflanzte markante Einzelbäume und Baumgruppen, schuf auf der fast neun Hektar große Fläche einen kleinen Park.
Zur Landesgartenschau 2002 wurden auch diese Anlagen rund um die Burg sorgfältig restauriert und – zum Beispiel durch Obstbaumpflanzungen – ergänzt. Ein kleiner Pfad führt am Fuß der Burg durch Kräuteranpflanzungen. Obstspaliere und Kübelpflanzen beleben den Innenhof des alten Gemäuers.
Burg Linn kann sich wieder sehen lassen.

Auf Rheydt herrschten raue Raubritter und reiche Renaissancefürsten

Er hatte Macht. Er liebte die Kunst. Und er liebte es, seine Macht durch kunstvolle Prunkentfaltung zu demonstrieren. Otto von Bylandt, dessen Persönlichkeit Schloss Rheydt am nachhaltigsten geprägt hat, war ein Renaissancemensch.
Er brachte Stein gewordene italienische Lebenskunst in die Bruchlandschaft an der Niers.
Schloss Rheydt zählt zu den besterhaltenen Wasserburgen am Niederrhein. Zum ersten Mal erwähnt wird eine Wehranlage, ein castrum, ganz in der Nähe des heutigen Mönchengladbach schon 1190. Damals gehörte die Anlage dem Erzbischof von Köln. 1345 war daraus schon eine beachtliche militärische Anlage geworden, eine Burg mit einer Vorburg, als Offenschloss wird es in einer Urkunde genannt, das dem Grafen von Jülich im Fall eines Krieges offen stehen sollte.
Im 15. Jahrhundert sorgten zwei Herren auf Rheydt für eine ziemlich schlechte Presse: Gerhardt II. von Rheydt und nach ihm Johann von Arendahl deuteten den Begriff „Schloss" (ein Haus, in dem man Hab und Gut unter Verschluss halten kann) aus Habgier so, dass sie auf Rheydt vor allem das Hab und Gut anderer unter Verschluss brachten. Für mehrere Jahrzehnte machten die Rheydter Herren die Handelsstraßen des Landstriches als Raubritter unsicher. Bis sich schließlich aufgebrachte Kaufleute aus Köln und Lüttich zusammentaten und eine Truppe Söldner aufstellten. Die Wehranlagen der Raubritterburg wurden geschleift, Gerhard II. in Reichsacht erklärt.
Um 1470 wurde die Burg in bescheidenem Ausmaß wieder aufgebaut. Nach 1500 erwarb dann die reiche niederrheinische Familie Bylandt das Schloss und begann mit umfangreichen Aus- und Umbaumaßnahmen.
Otto von Bylandt war 33 Jahre alt, als er die Herrschaft auf Rheydt antrat. Wie zuvor sein Vater war er Stallmeister und Rat am Jülicher Hof. Und wie sein Vater wusste er Macht und Einfluss seiner Stellung zur Sicherung der eigenen Herrschaft in Rheydt wohl zu nutzen. Als er 1552 vom Herzog von Jülich mit dem Haus belehnt wurde, war die Anlage zu einem Durcheinander stilistisch unterschiedlicher Gebäudeteile angewachsen. In den folgenden 33 Jahren baute Otto von Bylandt systematisch seine Karriere und sein Schloss auf, beides mit bemerkenswerter Umsicht und Zielstrebigkeit.

Sein politischer Einfluss ging so weit, dass er schließlich zum kaiserlichen Rat am Hof Kaiser Rudolfs II. in Prag ernannt wurde.
Für sein Schloss suchte der kaiserliche Ratgeber sich den Rat des besten damals erreichbaren Architekten – Maximilian Pasqualini, der die Baukunst der italienischen Renaissance an den Jülicher Hof gebracht hatte, sollte aus Rheydt ein herrschaftliches Haus machen.
Pasqualini ließ zunächst die Verteidigungslinien des Hauses versetzen, auf Bastionen, die die gesamte Anlage umgeben sollten. Dadurch gewann er Raum, um das Herrenhaus repräsentativ zu erweitern. Der Baumeister schaffte es, durch Um- und Ausbauten aus den vorher unzusammenhängenden Gebäudeteilen ein harmonisches Ganzes zu formen. Die Arbeiten dauerten über dreißig Jahre, nach Maximilian übernahm sein Sohn Johann Pasqualini die Fertigstellung.
An der noch heute gut erhaltenen und mehrfach restaurierten Schlossanlage beeindruckt vor allem die typische Formensprache der Renaissance. Eine strenge Gliederung der Fensterachsen, die als horizontale Linie korrespondiert mit der waagerechten Betonung jedes Stockwerkes durch die Gesimse. Aufwändige Steinmetzarbeiten, der Erker am Nordwest-Flügel, antike Heldenköpfe und besonders die schöne Loggia im Arkadenhof geben Schloss Rheydt noch heute das heitere Gepräge eines italienischen Fürstenhauses.
Betont wird dieser Charakter noch durch den reizvollen Schlosspark. Die von Bylandts herrschten fast 300 Jahre auf ihrem Renaissance-Schloss, bis mit Karl-Kasper die Linie 1794 ausstarb. Danach wurde der Besitz zunächst geteilt und schließlich ganz aufgegeben.
Seit 1917 befindet sich Schloss Rheydt in Kommunalbesitz.
Als Museum mit dem Schwerpunkt Renaissance und Manierismus und als kulturelle Visitenkarte der Stadt Mönchengladbach genießt Schloss Rheydt heute internationales Ansehen.

Schloss Rheydt MÖNCHENGLADBACH

Der Reichsgraf wollte einen See in Form seiner Krone

Wickrath hat beides: eine uralte Geschichte und die Ausnahmestellung einer „jungen“ Burg. Das heutige Schlossgebäude, eines der herausragenden Beispiele für einen barocken Neubau, wirkt auf den Besucher vor allem im Zusammenspiel mit dem Schlosspark. Für die Landesgartenschau 2002 wurden Schloss und Park aufwändig restauriert und empfangen Besucher heute wieder mit festlicher barocker Atmosphäre.

Archäologische Untersuchungen 1978 gaben entscheidende Hinweise auf die Ursprünge des Wickrather Schlosses. Heute darf als gesichert gelten, dass die erste richtige Burg an der Niers südwestlich vom heutigen Schloss-Restaurant stand.

Ab 1310 war diese Burg ein Lehen der Grafen von Geldern, als erster Besitzer wird Wilhelm von Millen genannt.

Im 14. Jahrhundert wird Wickrath in der Landessprache schon „buys“ genannt. Das lässt auf ein militärisch befestigtes Haus schließen. Außerdem werden in diesen Aufzeichnungen auch Brücken erwähnt, so ist anzunehmen, dass die Burg an einem Übergang der Niers stand.

1338 lässt Graf Reinhald von Geldern in einer Urkunde detailliert aufschreiben, was er seinem Ritter Wilhelm von Broekhuysen in Wickrath als Lehen aufgetragen hat: eine borgh, also die Burg, mit Wehranlagen, Wohnungen, Wällen, Gräben, einer Vorburg, einer Mühle, einer Fischerei und weitere Häuser, die vor der Vorburg lagen. Wer seit dieser Vereinbarung als Lehensherr auf Wickrath saß, verfügte über einträgliche Einnahmen und stellte dafür im Verteidigungsfall dem Grafen von Geldern sein Haus als geldrische Landesburg zur Verfügung.

Allmählich entwickelte sich vor der Burg eine Siedlung, im 15. Jahrhundert wird Wickrath noch ein „Flecken“ genannt, nach 1625 darf es sich „Stadt“ nennen.

Erst Heinrich von Hompesch löste die direkte Abhängigkeit Wickraths von der Grafschaft Geldern auf: 1488 wurde Burg Wickrath reichsunmittelbar, das heißt, das Lehensverhältnis wurde für beendet erklärt. Von Hompesch erreichte diese Loslösung sicher durch seine herausragende Stellung als Oberhofmeister und Marschall im Herzogtum Jülich.

Um 1500 heiratete er Sophia von Quad, eine Witwe, die sechs Kinder mit in die Ehe brachte. Die Familie von Quad blieb fast 300 Jahre im Besitz der Burg – bis 1796.
Reichsgraf Otto von Quad ließ um 1746, nachdem das ursprüngliche Burggebäude bei einem Brand zerstört worden war, einen Neubau im Barockstil errichten. Architekt dieses Neubaus war wahrscheinlich der Maastrichter Baumeister Matthieu Soiron.
Die imposante Anlage gliederte sich in eine Haupt- und eine Vorburg, eingebettet in große Wasserflächen. Die Niers wurde umgeleitet, um rund um das Herrenhaus eine Seefläche in Gestalt einer Grafenkrone zu schaffen, selbstbewusster Ausdruck für Stand und Besitz des auftraggebenden Reichsgrafen. Der umgebende Park spiegelte mit exakt gezirkelten Wegen und Rabatten die symmetrische Formensprache von Herrenhaus und Vorburg wieder.
Die Quads wurden noch vor der Vollendung des Baus vertrieben; sie waren die letzten adeligen Besitzer Wickraths. Das Schloss wurde zunächst als Kavalleriekaserne genutzt, später als königlich-preußisches Gestüt. Das Herrenhaus, das durch die starke Beanspruchung baufällig geworden war, musste im 19. Jahrhundert abgerissen werden. An seiner Stelle wurde eine Villa errichtet, in der heute das Schloss-Restaurant seine Gäste bewirtet.
Für die Landesgartenschau 2002 wurde die Wickrather Schlossanlage aufwändig wiederhergestellt. Die Wassersysteme, die Alleen und ganze Gartenteile im Schlosspark wurden wiederhergestellt und ergänzt. Heute machen die überraschend und reizvoll angelegten Parkflächen wieder erkennbar, dass Wickrath einen gartengeschichtlich interessanten Übergang repräsentiert – vom streng symmetrischen Barock-Garten zu den freieren Formen des englischen Landschaftsparks.
Auch die einmalige Form der Wasserflächen rund um die Vorburg, die „Grafenkrone", wurde wieder freigelegt. Sie gibt dem Wickrather Park zusammen mit den großzügigen Rasenflächen und geometrischen Blühbildern eine fast festliche Atmosphäre.

Gräfin Walpurgis verschenkte ihre Grafschaft, um sie zu retten

Die Grafen von Moers behaupteten sich auf ihrem Schloss über Jahrhunderte durch kluges Wirtschaften und noch klügeres Heiraten. Zu entscheidenden Figuren auf dem Schachbrett der Politik wurden dabei zwei Damen: Walpurgis, die letzte Gräfin von Moers, und ihre Nichte, die Kurfürstin Luise Henriette.

Von der ursprünglichen Wasserburg und der späteren mächtigen Residenz sind heute nur noch Teile des Herrenhauses mit einem quadratischen Turm und eine Ringanlage erhalten. Die ältesten Gebäudeteile stammen aus dem 12. Jahrhundert. Einen Eindruck von der früheren Bedeutung des Schlosses und seiner Bewohner geben aber noch heute das Grafschafter Museum, große Teile der Befestigungsanlagen aus dem 17. Jahrhundert und der Schlosspark, eine der schönsten Gartenanlagen am Niederrhein.

Schloss und Stadt Moers verdanken ihren Namen ihrer Lage in einer Murse, einem alten Rheinarm. Der älteste noch erhaltene Teil des Moerser Schlosses ist ein Wohnturm aus Tuffstein, der in den 50er Jahren im heutigen Schlosshof ausgegraben wurde. Er stammt aus dem 12. Jahrhundert.

Zu dieser Zeit wird auch erstmals in der Geschichte ein „Herr von Moers“ erwähnt – er tauchte als Zeuge bei einem Schiedsgericht des Kölner Erzbischofs auf. Zum Erzbistum Köln unterhielt das Adelsgeschlecht eine enge Verbindung: Einer der Moerser Grafen hatte die Schwester des Kölner Erzbischofs geheiratet. Im 15. Jahrhundert festigten die Grafen ihren Einfluss so weit, dass der Burgunder-König Philip einen Moerser als einen der ersten Ritter in den Orden vom Goldenen Vlies aufnahm.

Als die Moerser sich im 16. Jahrhundert auf die Seite der Reformation schlugen, wäre es um ihre kleine Herrlichkeit fast geschehen gewesen. Die damalige Erbin, Gräfin Walpurgis, stellte sich auf die Seite der protestantischen Niederländer und musste schließlich vor den katholischen Spaniern fliehen.

Sie kam auf einen überraschenden Ausweg: Sie verschenkte ihre Grafschaft, um sie zu erhalten!

Walpurgis versprach dem protestantischen Prinz Moritz von Oranien, ihrem Neffen, Schloss und Grafschaft als Erbe, wenn er Moers zuvor von den Spaniern zurückeroberte. 1597 waren die Spanier von Prinz Moritz zurückgeschlagen und Walpurgis kehrte zurück auf ihr Schloss. Nach ihrem Tod trat Prinz Moritz seine Herrschaft an und baute Moers zu einer bedeutenden Festung aus. In den folgenden 100 Jahren oranischer Herrschaft erlebte Moers eine wirtschaftliche und kulturelle Blütezeit.

1650 meldeten zum ersten Mal die Preußen Anspruch auf Moers an – zunächst noch vergeblich. Eine Oranier-Prinzessin, Luise Henriette, war mit Kurfürst Friedrich Wilhelm von Brandenburg verheiratet. Nach einem tragischen Todesfall in der Familie seiner Frau sah er eine Chance, Erbansprüche auf Moers anzumelden. Damit hatte der Preuße aber erst einmal zu schnell geschossen: Bevor Luise Henriette Moers für sich reklamieren konnte, wurde doch noch ein erbberechtigter kleiner Oranier geboren. 50 Jahre später, im zweiten Anlauf, erbte Luise Henriette Moers dann doch noch. Genauer gesagt, ihr Sohn, Friedrich I., besser bekannt als der erste preußische König, konnte den Besitz übernehmen. Er ließ 1702 die Festungsanlagen der Oranier schleifen und machte die Stadt zu einem Zentrum seiner landesweiten Finanz- und Verwaltungsreformen. Moers wurde preußische Beamtenstadt.

An Luise Henriette, die Frau, die das Tor des Moerser Schlosses für 200 Jahre preußischer Herrschaft geöffnet hatte, erinnert ein üppiges Denkmal, das Kaiser-Wilhelm II. 1904 vor dem Schlosseingang errichten ließ. An die kluge Walpurgis erinnert nur ein kleines Bild im Portrait-Saal des Schlosses. Darauf scheint die letzte Gräfin von Moers über einen leisen Tadel nachzudenken.

1905 erwarb die Stadt Moers das Schlossgebäude und richtete darin das Grafschafter Museum ein, das in 20 Ausstellungsräumen die wechselvolle Geschichte von Stadt und Schloss lebendig werden lässt. Das Moerser Schloss ist heute außerdem bekannt durch die Konzerte im Schlosshof und das Schlosstheater.

Wäre der Anstreicherlehrling nicht so unvorsichtig gewesen...

6. September 1902: Großbrand im Schloss Krickenbeck. Durch die Unvorsichtigkeit eines Anstreicherlehrlings entstand das Feuer, heißt es später. Ein Feuer, das sich rasend ausbreitete und nicht zu löschen war. Schloss Krickenbeck brannte bis auf die Grundmauern nieder. Grundmauern, die zum größten Teil erst knapp 50 Jahre zuvor errichtet worden waren, denn Krickenbeck hatte bereits eine bewegte Geschichte hinter sich, als es in Flammen aufging.

Ein „Henricus de Krikenbach" ist der erste dieses Namens, der 1104 in den Aufzeichnungen der Abtei Klosterrath genannt wird. Seine Burg am linken Ufer der Nette wurde bereits um 1250 abgebrochen. „Neu Kriekenbeck" entstand dann dort, wo heute das Schloss steht, und wird 1286 erwähnt als Besitz der Grafen von Geldern.

Bis 1430 blieben die Herren von Krickenbeck im Besitz der Burg. Hochzeiten der Erbtöchter sorgten in den nächsten zweihundert Jahren für mehrfachen Besitzerwechsel, ehe dann am 19. Februar 1623 mit der Vermählung von Ferdinanda von Wachtendonk mit Johann Friedrich Freiherr von und zu Schaesberg das Anwesen in den Besitz der Familie von Schaesberg kam, die es bis ins 20. Jahrhundert bewohnte.

Als Johann Friedrich Graf von Schaesberg Schlossherr auf Krickenbeck wurde, entsprach die Burg nicht mehr dem Zeitgeschmack. Johann Friedrich, als Hofkammerpräsident des Kurfürsten Johann Wilhelm von der Pfalz (Jan Wellem) ein bedeutender Mann, engagierte bekannte Baumeister, Maler und Stukkateure, um sich auf seinem Stammsitz mit barocker Pracht zu umgeben. Von 1708-1718 dauerte der Umbau, bei dem auch ein Garten angelegt wurde.

Eine Pracht, die allerdings schon gut hundert Jahre später auf Kritik stieß.

Die neuen Bewohner wollten zurück zum streng gotischen Stil und beauftragten den Kölner Baumeister Vincenz Stanz, das Gebäude entsprechend zu renovieren.

Dies geschah in den Jahren 1856-1860 aber nur teilweise. Das Herrenhaus mit seinem runden Eckturm war erst zur Hälfte errichtet, als es 1902 ein Opfer der Flammen wurde.

Mit dem Wiederaufbau wurde der Architekt Hermann Schaedtler aus Hannover beauftragt.
Nach seinen Plänen entstand in den Jahren 1903/04 jenes prächtige Gebäude im Stil der Neorenaissance, das heute malerisch zwischen den vier durch Austorfung entstandenen großen Seen Mittelpunkt eines Erholungsgebietes ist.
Das Schloss selbst ist beim Spaziergang nur aus der Entfernung zu besichtigen.
Nach einer Zwischennutzung als Altersheim des Kreises Kempen/Krefeld hatte es seit 1969 leer gestanden und war stark verfallen, als es 1989 von der Westdeutschen Landesbank als Standort für betriebliche Bildungsarbeit und exklusive Tagungen, Konferenzen und Seminare ausgewählt wurde.
In Zusammenarbeit mit dem Landeskonservator wurde Schloss Krickenbeck wieder aufgebaut und restauriert.
Und so entstand die WestLB Akademie Schloss Krickenbeck, zu der ein 1990/91 gebautes Gästehaus mit 160 Einzelzimmern ebenso gehört wie Schwimmbad, Sauna, Sporthalle, Kegelbahn und der restaurierte historische Park.
„Ex flammis maior et pulchior exorta“ verkündet die lateinische Inschrift über dem Hauptportal.
Aus den Flammen größer und schöner auferstanden – das hat hoffentlich auch jemand zur Verteidigung des schuldigen Anstreicherlehrlings vorgebracht.

Die Grenze zwischen Moers und Geldern verlief quer durch die Burgküche

Der Spießbraten drehte sich über dem offenen Feuer in der Grafschaft Moers, der Schmalztopf im Regal gegenüber stand im Herzogtum Geldern. Schloss Bloemersheim lag bis 1724 genau auf der Grenze zwischen den beiden Ländern.
Und diese Grenze verlief exakt durch die Burgküche.
Der Köchin wird es egal gewesen sein, dem Schlossherrn nicht.
Sein Vorteil: Er konnte in beiden Landtagen mitwirken. Der Nachteil: Er saß häufig zwischen zwei Stühlen. So kam er zum Beispiel besonders in Bedrängnis, als zu Beginn des 16. Jahrhunderts in der Grafschaft Moers die Reformation eingeführt wurde, während das Herzogtum Geldern als Teil der spanischen Niederlande katholisch blieb.
Natürlich bemühten sich die Bloemersheimer Schlossherren, so neutral wie möglich zu bleiben, aber das ging nicht lange gut. Zumal als bekannt wurde, dass sie sich – schließlich lag der größte Teil des Schlosses auf dem Gebiet von Moers – für die Reformation entschieden.
Als die Spanier 1586 die Grafschaft Moers besetzten, musste Heinrich von Honnepel, dessen Familie seit 1510 auf Bloemersheim beheimatet war, fliehen. Seinem Sohn Assuerus, der sich offen zu den Portestanten bekannte, wurde daraufhin umgehend das geldrische Vogtamt entzogen.
Er nahm zwar noch an den Sitzungen des Landtages in Roermond teil, wurde aber misstrauisch beäugt, weil man ihm nachsagte, er halte es mit den Feinden des Landes. Und so war es nur eine Frage der Zeit, bis nach dem Tod von Assuerus dessen Sohn Adolph auch der Sitz im Landtag verwehrt wurde.
Bloemersheim, das 1406 als „Blomertshoefe in der Fluyne“ erstmals mit seinem Besitzer Sweder Balderich und Frau Hille in einer Urkunde erwähnt wird, war wegen seiner Grenzlage auch im Dreißigjährigen Krieg (1618-48) ständig von den kämpfenden Parteien besetzt und wurde dabei mehrfach stark beschädigt. Kurz vor Kriegsende ging der Besitz durch Heirat der Erbtochter Anna Sophia van Impel an Wirich Dietrich Adolph von Pelden, genannt „Cloudt“.

Die Cloudts waren Erbdrosten der Grafschaft Moers und hatten ihren Wohnsitz auf Schloss Lauersfort. Sie nutzten Bloemersheim als Jagdschloss und erweiterten es 1739 erheblich, wobei auch eine neue Vorburg entstand.
Als die französischen Revolutionsheere 1794 Bloemersheim besetzten und dort ein Lazarett einrichteten, hinterließen sie bei ihrem Abzug einen vollständig ausgeplünderten Bau. Den Rest besorgte „Gesindel". Sogar das Blei aus den Fenstern sei verschwunden, heißt es in einem Bericht des Hofpächters.
Die Rettung kam in Gestalt des Krefelder Seiden-Produzenten Heinrich von der Leyen, der 1816 in den Freiherrnstand erhoben wurde. Er kaufte das heruntergekommene Schloss 1802, ließ es mit großem Aufwand restaurieren und machte es mit einem Park zu jenem idyllischen Landsitz, wie er sich heute darstellt.
Seinen auffälligen roten Anstrich erhielt das Schloss 1989, nachdem die Ruhrkohle AG Herrenhaus und Wirtschaftsgebäude gegen Bergschäden gesichert hatte.
Die Familie von der Leyen bewohnt und bewirtschaftet Schloss Bloemersheim bis heute. Zu dem großen Gut gehören auch noch die Leyenburg und das Haus Meer mit den dazugehörigen Gebäuden, die fast alle unter Denkmalschutz stehen. Den größten Teil des Obstes, das in Bloemersheim und in Dyck (Jüchen) auf etwa 50 Hektar produziert wird, vermarktet die Familie über einen Hofladen, der in der Nähe des Schlosses direkt an der Straße liegt.
Zum Gut gehören außerdem 480 Hektar landwirtschaftliche Nutzfläche und 500 Hektar Forst. Ein beliebtes Ziel für Spaziergänger und Radfahrer.
Auf den informativen Internet-Seiten von Schloss Bloemersheim findet man auch monatlich ein neues Rezept aus der Schlossküche, weltweit abrufbar.
Die Grenze existiert nur noch in Geschichtsbüchern.

 Schloss Bloemersheim

Der Himmel erschien über Haus Aspel besonders nah

Der Himmel über der weiten Wiesenlandschaft vor Rees erschien vielleicht besonders nah, wenn man ihn vom Turm der Burg Aspel aus betrachtete. Für Irmgard von Aspel und Mutter Maria Theresia von Haze, zwei Frauen, deren fromme Visionen am Beginn und am Ende der Traditionen von Haus Aspel stehen, war er es sicher.

Bereits im 10. Jahrhundert soll am Aspeler Meer, einem abgetrennten Rheinarm, eine Motte angelegt worden sein. Daraus entstand eine mittelalterliche Burg, die bis zum 16. Jahrhundert immer weiter befestigt und ausgebaut wurde. Bei einem großen Brand 1682 wurde diese stark befestigte Ritterburg mit ihren Umfassungsmauern und Wehrgängen weitgehend zerstört. Der Hauptteil der Burg lag auf der rund sechs Meter hoch aufgeschütteten Insel im heutigen Park, die noch Fundamente einer Turmmauer zeigt und einer runden Zisterne. Über den Fundamenten der früheren Vorburg wurde 1720 Haus Aspen als schlossähnlicher Wohnsitz wieder aufgebaut. Zwei zweigeschossige Flügel im barocken Stil stoßen in einem weiten Winkel aufeinander, in der Mitte ragt ein auffälliger Turm empor. Die Anlage ist von schönen Gärten und alten Alleen umgeben.

Die berühmteste Gräfin auf Aspel war eine Heilige. Irmgard, eigentlich Erminthrudis, „die allumfassend Starke", wurde um das Jahr 1000 als Tochter des wohlhabenden Godizio von Aspel und Heimbach geboren. Von 1013 an ist ihre Herrschaft auf Aspel urkundlich bezeugt.

Sie wurde verheiratet mit dem Grafen Kadalo, einem Bruder des Erzbischofs Pilgrim von Köln. Irmgard gründete Hospize und Armenhäuser und soll über heilende Wunderkräfte verfügt haben. Sie wurde 200 Jahre nach ihrem Tod heiliggesprochen und der niederrheinische Volksglaube hat viele Legenden erhalten, die sich um Irmgard als Wohltäterin der armen Leute ranken. Auf frommen Kirchenbildern wird sie oft als Pilgerin dargestellt, die Papst Sylvester III. als Geschenk Erde vom Grab der Heiligen Ursula überbringt. Dabei soll sich ihr Handschuh plötzlich rot gefärbt haben – wie vom Blut der Märtyrerin getränkt.

Nach dem Tod der Gräfin Irmgard ging Haus Aspel an den Erzbischöflichen Stuhl in Köln. Die rheinischen Bischöfe nutzten das Haus über Jahrhunderte als Pfand – in einem wenig frommen Streit mit den Klever Grafen.
Lange war Haus Aspel im Mittelalter von beiden Parteien umkämpft, schließlich setzten die Klever Grafen sich in dieser Fehde durch und ließen die Wehranlagen, die die Bischöfe auf Aspel gebaut hatten, schleifen.
Nachdem das Haus seine politische Bedeutung verloren hatte, zerfiel die Anlage, ein Brand zerstörte das Haupthaus. Über der Vorburg wurde ein neues Schloss errichtet, das bis ins 18. Jahrhundert häufig die Besitzer wechselte.
Nach den Freiherren von Wittenhorst-Sonsfeld ging es zu Beginn des 19. Jahrhunderts an die holländische Familie Broeck und später durch Einheirat an Heinrich von Bernuth, den preußischen Landrat des Kreises Rees. Dieser konnte das Anwesen nicht lange unterhalten. Um 1850 suchte Haus Aspel dringend einen Käufer – und fand eine Frau mit einer frommen Vision.
Als Maria Theresia Hazen am 11. März 1851 auf Aspel zugeht, erkennt sie alles wieder: die Allee, das Eichenwäldchen, das zweigeschossige Haus mit dem Turm und auch den freundlichen Gärtner, der sie begrüßt. Das alles hat sie schon einmal gesehen – in einem Traum vor zwanzig Jahren!
Diesen wundersamen Moment nahm die Ordensmutter aus Lüttich als frommes Zeichen. Mit 13 Schwestern vom Orden des Heiligen Kreuzes gründete sie an dem Ort, von dem sie geträumt hatte, ihr Kloster. Die Ordensschwestern betreuten Kranke und gründeten eine Schule.
Der alte Rittersitz erwachte zu frommer Betriebsamkeit.
Heute wird Haus Aspel als Gymnasium und als Altenbegegnungsstätte genutzt.
In den beschaulichen Gärten und stillen Alleen in Aspel scheint die Begegnung mit erträumten Orten immer noch möglich.

Die Geschichte vom Postmeister, der die Kaiserin Marie Louise sehen wollte

Mon Dieu, wenn das keine schöne Geschichte ist:
Da genießt an einem trüben 1. November 1811 Kaiserin Marie Louise in dem für sie fürstlich hergerichteten Zimmer von Schloss Ossenberg die Ruhe, während sich ihr Gemahl Napoleon auf den Weg von Wesel nach Düsseldorf gemacht hat. Höchst unzugänglich sei sie, flüstert man im Haus. Sie habe bei ihrer Ankunft nicht einmal von den Hauseigentümern Notiz genommen. Kein Grund für den alten Postmeister von Steinmetz, seinen Plan aufzugeben. Er war voller Neugier nach Ossenberg geeilt, um einen Blick auf die 20-jährige Kaiserin zu werfen, für die sich Frankreichs Kaiser ein Jahr zuvor von der temperamentvollen Joséphine getrennt hatte. Von einem Bediensteten leiht er sich die Livrée, versteckt seine langen Haare unter einer Perücke, geht zielstrebig ins Zimmer der Kaiserin und macht sich am Ofen zu schaffen. Und wie er da so gebückt hockt, den Ofen stochert und dabei heimlich zu Marie Louise hinüberschielt, rutschen die Haare hervor. Die Kaiserin merkt nichts, doch eine Tochter des Hauses, die ihr Gesellschaft leistet, lacht laut auf. Und die Kaiserin? Sie soll, während der Pechvogel sich schnell davonmachte, immerhin gnädig gelächelt haben.
„Nordöstlich von Rheinberg liegt in stiller Verborgenheit das Dörfchen Ossenberg mit dem gleichnamigen Schlosse und der dem hl. Antonius geweihten Kapelle“, heißt es in einem alten Heimatkalender des Kreises Moers.
Der alte Rittersitz wird erstmals in einer Urkunde von 1176 erwähnt. Über die alte Burg ist wenig bekannt. Sie soll im nordöstlichen Teil der jetzigen Schlossanlage gelegen haben und wurde 1721 durch jenen Neubau ersetzt, der heute im Besitz der herzoglichen Familie von Urach ist. Graf Karl-Ludwig Truchsess von Waldburg-Capustigall hatte den Bau in Auftrag gegeben. Schon 1744 verkaufte er ihn an den vermögenden Rheinberger Kaufmann Ludolf von der Rhoer, der Verschönerungen und bauliche Veränderungen vornahm. Aus dieser Zeit sind zwei prächtige Räume im Rokokostil erhalten. Sie überstanden auch einen Fliegerangriff, bei dem am 25./26. März 1942 der linke Teil des Herrenhauses vollständig zerstört wurde. Dabei ging neben der wertvollen Inneneinrichtung auch das Archiv verloren.

Im großen Rokokosaal sind in den Deckengemälden die vier Elemente, die vier Jahreszeiten und die zur damaligen Zeit bekannten vier Erdteile dargestellt. Ranken aus Stuck rahmen die heiteren Bilder ein.
Als Kaiserin Marie Louise im festlich beleuchteten Saal tafelte, war der 1783 von König Friedrich II. in den Freiherrenstand erhobene Caspar Anton von Rhoer Herr auf Ossenberg und gleichzeitig Bürgermeister des Dorfes. 1857 kam das Schloss durch Heirat in den Besitz der Grafen Berghe von Trips.
Ein besonderes Schmuckstück ist neben dem Hauptgebäude mit seinen Sälen die Kapelle, die Ludolf von Rhoer nach dem Erwerb des Schlosses 1744 auf den Grundmauern eines früheren Gotteshauses errichten ließ.
Der „Verein zur Erhaltung der Ossenberger Schlosskapelle" hat das Gebäude 1998 in Erbpacht übernommen und in mühevoller Eigenarbeit vorbildlich restauriert. Karen Herzogin von Urach, die Ossenberg von ihrem Großonkel Graf Berghe von Trips geerbt hat, unterstützte den Verein dabei tatkräftig. Sie ist ebenso wie ihr Mann Wilhelm-Albert außerdem aktives Mitglied des Vereins „Culture & Castles", dessen Ziel es ist, Herrensitze am Niederrhein für kulturelle Veranstaltungen zu öffnen und in den alten Gemäuern Übernachtungsmöglichkeiten anzubieten.
Kaiserin Marie Louise, die am Allerseelentag, dem 2. November 1811, in der Kapelle an einer Messe teilnahm, würde das Gotteshaus in seinem neuen Glanz gut gefallen. Damals beschenkte sie den Geistlichen mit 1000 Franken und den Küster mit zwölf Louisdor, ehe sie ihre Reise Richtung Düsseldorf fortsetzte.
Und der Konditormeister Boehm schnürte währenddessen höchst zufrieden ein großes Paket und schickte es direkt zum Kaiserpalast nach Paris. Der Inhalt: Ein kleines Kunstwerk.
Boehm hatte nämlich als Prunkstück für die Tafel anlässlich des hohen Besuchs das Schloss Ossenberg „en miniature" aus Zucker gefertigt. Eine süße Kostbarkeit, die der jungen Kaiserin so gut gefiel, dass sie es von ihren Gastgebern als Erinnerung an diesen Aufenthalt geschenkt bekam. Auch eine schöne Geschichte.

Eine Wasserburg wie aus dem Bilderbuch

Malerisch. Wenn dies Prädikat auf eine Wasserburg zutrifft, dann auf Haus Coull. Gerahmt von hohen Bäumen, umgeben von einem verträumten Wassergraben, lugt der alte Herrensitz mit seinem charakteristischen Rundturm mit doppelter Zwiebelhaube aus einer weitläufigen blühenden Parklandschaft.
Zum ersten Mal erwähnt wird Haus Coull im 15. Jahrhundert. Adelsfamilien und Verwaltungsadel nutzten die kleine Wasserburg lange als Landsitz.
Heute gehört das reizvolle Anwesen einer der bekanntesten niederrheinischen Adelsfamilien, den von Loes. Namen und Wappen der von Loes tauchen in der Geschichte vieler Herrenhäuser am Niederrhein seit dem 13. Jahrhundert auf. Seit der erste Ritter von Loe, Crampe von der Sykenbecke, ein Ministerialer der Abtei von Werden, seine Familie nach dem Stammsitz „in dem Loe" nannte. Aus dem heute holländischen Zweig der Familie stammt Coulls heutiger Besitzer, Eduard Freiherr von Loe. Er repräsentiert gut den europäischen Geist seiner alten Familie: Er ist Deutscher, wuchs in den Niederlanden auf und verwaltet Güter auf beiden Seiten der Grenze. 1971 ließ er sich mit seiner Familie auf Coull nieder und hat die historische Anlage seither von den Fundamenten auf renoviert.
Der älteste Teil Haus Coulls, der mehrfach geschweifte Südgiebel mit dem angebauten runden Wehrturm stammt aus dem 17. Jahrhundert. Ost- und Nordtrakt des zweiflügeligen Backsteinbaus kamen Anfang des 18. Jahrhunderts dazu. Herrenhaus und Wirtschaftsgebäude bekamen bei einem Umbau im 19. Jahrhundert die auffälligen Treppengiebel im Tudor-Stil. Zur gleichen Zeit wurde der weitläufige englische Landschaftspark neu angelegt. Umlaufende Wege und Holzbrücken über die verzweigten Grabenanlagen führen durch reizvolle Landschaftsbilder. Weite Rasenflächen wechseln mit blühenden Rhododendron-Inseln, eine Stieleichen-Allee mit Gruppen exotischer Mammut- und Tulpenbäumen oder Atlaszedern. Wenn alle Restaurierungen abgeschlossen sind, will Eduard von Loe den Park in Zusammenarbeit mit „Culture & Castles" gelegentlich für kulturelle Veranstaltungen öffnen.

Voerde bietet eine noble Adresse für Hochzeiter

Die Paare gehen immer voran.
Mal scheinen sie über die Stufen zu schweben, mal scheinen sie nur zögernd zu schreiten.
Die über 200 Jahre alte Treppe zur Empfangshalle in Haus Voerde spielt auf Tausenden von Hochzeitsfilmen und -fotos eine noble tragende Rolle.
Seit die Stadt Voerde vor 20 Jahren ihr Standesamt in dem alten Herrensitz einrichtete, bietet die romantische Wasserburg am Rande eines Parks die passende Kulisse für Trauungen. Das Voerder Kulturamt lädt in den stimmungsvollen Sälen außerdem regelmäßig zu Konzerten und Lesungen ein.
Die Burg dürfte im frühen Mittelalter als Wasserburg entstanden sein, zu ihrer Baugeschichte und ihren Besitzern gibt es aber nur wenig gesicherte Daten.
Zur Burg gehörte ein Gutshof, der lange Zeit vom Kloster Werden betrieben wurde. Nachdem der landwirtschaftliche Betrieb sich nicht mehr lohnte, erhielt das Kloster die Burg noch als Stiftung.
Das ursprüngliche Burggebäude wurde wahrscheinlich im Dreißigjährigen Krieg zerstört und danach durch das heutige zweistöckige Herrenhaus mit klassischen Proportionen ersetzt. Der rechteckige Baukörper aus Backstein ist verputzt und weiß geschlämmt. Von ursprünglich zwei Flankentürmen ist nur der Ostturm erhalten, dessen Schweifhaube von einer Laterne gekrönt ist. An der Jahreszahl 1668 an diesem Turm lässt sich ablesen, dass Haus Voerde um diese Zeit noch einmal überbaut wurde. Das Anwesen wurde im 19. Jahrhundert dann vor allem innen noch einmal umgestaltet, dabei entstand auch der schöne Treppenaufgang zur Empfangshalle.
Haus Voerde ist nie Schloss oder Burg genannt worden – obwohl die Anlage im Mittelalter als Wehrburg entstanden ist. Der Name erklärt sich aber nicht unbedingt durch niederrheinische Bescheidenheit sondern lehnt sich an die Bezeichnung „hof zu voerde“ aus den ältesten Urkunden an.

Ritter Franko trug in der Schlacht von Worringen das Banner der Herren von Wassenberg

In der Schlacht von Worringen 1288 trug er das Banner der Herren von Wassenberg: Franko von Koslar.
Der Burggraf dürfte jener Franko sein, der auch als Herr zu Elsum 1280 in einer Urkunde erwähnt wird.
Beginn der Geschichte von Schloss Elsum im Wassenberger Ortsteil Birgelen, das zum Teil noch von Wassergräben umgeben ist.
Der Kölner Bürgermeister Melchior Rutger von Kerich kaufte die Burg 1748. Durch Heirat kam sie über Everhard Melchior von und zum Pütz schließlich an die Familie Freiherr von Leykam.
Damals zierten vier Türme an den Ecken der Insel das Schloss. Der Turm auf der Nordostecke wurde aber schon in der Barockzeit abgetragen und durch ein Gartenhäuschen ersetzt.
1876 beauftragte Franz Werner von Leykam den Architekten Heinrich Wiethase mit einer umfassenden Erneuerung des alten Hauptschlosses. Dabei wurden die schlichten Renaissanceformen wieder herausgearbeitet. Das Gartenhäuschen machte nach den Plänen Wiethases einer kleinen, neugotischen Kapelle Platz.
1929 erbte Werner Freiherr von Negri das Schloss.
Im Januar 1945, kurz vor Kriegsende, wurde Elsum bis auf die Grundmauern zerstört.
Auch große Teile der umfangreichen Gemäldesammlung und der Bibliothek gingen dabei in Flammen auf.
Nur der mächtige Ostturm mit seinem Walmdach, ein Geschoss höher als die beiden anderen Türme des Schlosses, überstand das Feuer.
In den Jahren 1952-55 ließ Oswald Freiherr von Negri Elsum mit großem Aufwand wieder aufbauen.
Wie das Schloss liegt die um 1714 errichtete Vorburg auf einer Insel. Eine steile Bogenbrücke verbindet sie mit der hoch aufgeschütteten, ummauerten Schloss-Insel. Eine der interessantesten kleinen Schlossanlagen am Niederrhein.

Im Schatten des Bergfrieds entspannen aromatische Eukalyptus-Dämpfe

„Bergfried April - Oktober von 8 - 19 Uhr geöffnet“ verkündet das Schild neben der Eingangstür.
Der mächtige, viereckige Bau auf der Höhe des Wassenberger Horstes ist weithin sichtbar. Im Innern fällt Licht durch die Glasbausteine des neuen Betondaches auf die Reste eines riesigen Kamins. Eine Treppe führt nach oben. Wer den Aufstieg nicht scheut, wird mit einem phantastischen Ausblick belohnt.
Die Kanone unten im Hof ist nur Dekorationsstück. Dort, wo Kaiser Karl V. am 29. August 1543 während des Geldrischen Erbfolgekrieges gegen Wilhlem V. von Jülich übernachtete, warten im Schatten des Bergfrieds heute 30 Nobel-Zimmer auf Gäste. Brautpaare schlafen auf Wunsch unter dem Baldachin eines Himmelbetts: Burg Wasserberg ist heute ein Vier-Sterne-Hotel. Und nur noch der Name des Restaurants „Graf Gerhard“ erinnert an Gerhardus Flaminus, Graf von Teisterband und Veluwe, der im 11. Jahrhundert hier Hausherr war.
Hier, im Schnittpunkt alter Römerstraßen, stand auch jene längst verschwundene erste Burg Wassenberg, die 1021 in einer Schenkungsurkunde von Kaiser Heinrich II. erstmals auftaucht.
1206 tobte rund um die Burg die Entscheidungsschlacht im Kampf um den Königsthron zwischen Philipp von Schwaben, dem Sohn Friedrich Barbarossas, und Otto IV. von Braunschweig, dem Sohn Heinrichs des Löwen. Otto unterlag und flüchtete nach Köln.
1365 wurde die Burg von den Heinsberger Raubrittern zerstört. Wie die Stadtmauer stammen die wenigen erhaltenen Reste der heute zu sehenden Burg aus dem Jahr 1420, der Zeit des Wiederaufbaus. Von 1494 bis 1815 war sie dann Sitz des Wassenberger Amtmanns im Herzogtum Jülich.
Seit 1985 ist die Familie Soltisek Eigentümer der Burg und hat sie zu einem Spitzenhotel ausgebaut.
29 Grad Wassertemperatur im Sole-Bad, Eukalyptus-Dämpfe im Caldarium, Lavendel-Duftraum.
Kaiser Karl V. wäre in Wassenberg geblieben.

BURG WASSENBERG

Von Rosenliedern, einer Oper und schönen Träumen in der Ruinenkammer

Sagt, ihr weißen Rankröselein,
was treibt ihr am Hause des Liebchens mein?
Ihr klettert zu ihrem Fenster hinauf?
Gebt acht und weckt mir das Mädchen nicht auf!

Die „Rosenlieder“ des Diplomaten, Dichters und Musikers Philipp Graf zu Eulenburg und Hertefeld (1847-1921) erschienen als Notenheft in der Bearbeitung für Klavier 1890 zum ersten Mal und wurden zum Bestseller. Eulenburg, einziger Duzfreund Kaiser Wilhelms II. und 1900 in den Fürstenstand erhoben, war ein mächtiger Mann. 1906 geriet er in die Schusslinie des einflussreichsten Publizisten der wilhelminischen Ära, Maximilian Harden. In einer Serie von Prozessen musste sich Eulenburg vor allem gegen den Vorwurf der Homosexualität wehren. Es kam nie zu einem Urteil, aber Eulenburg war ein gebrochener Mann. Heute würdigt man seine Rolle anders. So sieht ihn Sebastian Haffner als einen Mann, „der nichts für sich wollte“, und hält seine politische Leistung für „respektabler als die seiner meisten Zeitgenossen“. Eulenburg starb 1921 verbittert auf Gut Liebenberg nahe Berlin. Dieses Rittergut war bis zum Ende des Zweiten Weltkrieges und der nachfolgenden Enteignung Hauptsitz der Familie.

Die kehrte nun zurück an den Niederrhein, dorthin, wo sich seit rund 700 Jahren der Stammsitz derer von Hertefeld (ndd. Hirschfeld) befindet: nach Weeze. Das im Jahr 1700 aus dem Burghaus entwickelte barocke Wasserschloss am Ostufer der Niers war zwar in den letzten Kriegswochen durch die SS bis auf die Grundmauern zerstört worden, doch das benachbarte Rentei-Gebäude aus der Barockzeit bot ein Dach über dem Kopf.

Die Familiengeschichte beginnt 1179 mit Theodosius de Herdevelde. Im 15. Jahrhundert spaltete sich die Familie nach dem Tod Stephans IV. von Hertefeld (1485) in zwei Linien. Heinrich blieb auf Hertefeld, Stephan VI. bezog in Uedem den Rittersitz Kolk. Beide Häuser wurden in der Reformationszeit Treffpunkte der Protestanten.

Hier wurden die ersten Gottesdienste abgehalten, bis die Hertefelds den Bau von Kirchen in Weeze und Uedem ermöglichten. 1649 führte der vermögende Jobst Gerhard von und zu Hertefeld die Familienlinien wieder zusammen, kaufte den in finanzielle Schwierigkeiten geratenen Stammsitz Hertefeld von seinem Vetter zurück und erwarb dank seiner guten Beziehungen zum Kurfürsten 1652 außerdem den Besitz Liebenberg in der Mark Brandenburg. Als „epochemachend für die Kulturgeschichte der Mark und Quelle nationalen Wohlstands" bezeichnet Theodor Fontane in seinen „Wanderungen durch die Mark Brandenburg" die Kultivierung von Liebenberg durch Landarbeiter aus Kleve.
Als 1867 Karl von und zu Hertefeld ohne männlichen Nachkommen starb, fiel das Erbe an die Großnichte Alexandrine. Sie war mit einem Graf zu Eulenburg verheiratet und führte ab 1898 nun auch den Hertefeld'schen Titel.
Alexandrine hatte mit Philipp, dem Komponisten und Verfasser der „Rosenlieder", nicht nur einen berühmten Sohn, sondern mit Botho Sigwart Graf zu Eulenburg (1884-1915) auch einen musisch begabten Enkel. 1911 komponierte Botho, ein Schüler Max Regers, im Schloss Hertefeld seine Oper „Die Lieder des Euripides", die 1915 am königlichen Hoftheater Stuttgart uraufgeführt wurde.
Ruine und Schlosspark sind bis heute im Besitz der Familie und werden seit 1995 schrittweise restauriert. In der Blütezeit weilten in Hertefeld so illustre Gäste wie König Friedrich Wilhelm I. von Preußen und der russische Zar Alexander.
Voraussichtlich ab Herbst 2002 können hier an der Niers wieder Zimmer bezogen werden – ganz besondere Zimmer!
Übernachten kann man in einem Flügel der Rentei und in den Wächterhäuschen, die nach einem Buch von Fürst Philipp „Erich" und „Erika" genannt werden. Aber auch in der Schlossruine selbst wird man schlummern und träumen können. Von der winzigen „Ruinenkammer" mit ihren fast vier Meter hohen Fenstern im ersten Stock geht es über Empore und Wendeltreppe ins Erdgeschoss zum Bad und zum Wohnzimmer.
Und an der alten Mauer – wer weiß – blüht vielleicht wieder ein weißes Rankröselein.

Auf der „Flucht" vor dem Bergbau entstand ein Schloss mit 165 Zimmern

165 Zimmer soll es haben – das prächtige Schloss Kalbeck, das Freiherr von Vittinghoff-Schell in den Jahren 1906 bis 1910 nach den Plänen des Architekten Schädler aus Hannover in Weeze erbauen ließ.
Vorbild war das im 17. Jahrhundert erbaute Schloss Werries bei Hamm.
Vittinghoff-Schell war vor dem Bergbau an den Niederrhein geflüchtet. Unweit des Familien-Stammsitzes Schloss Schellenberg in Essen hatte man mitten im Wald einen Förderschacht geteuft. Knapp hundert Meter am Schloss vorbei führte die Seilbahn, die das Fördergut transportierte. Proteste dagegen blieben ebenso vergeblich wie ein Prozess, der durch alle Instanzen ging. Und so entschloss sich die Familie zum Umzug nach Weeze.
Hier gehörte ihr seit 1823 das alte Schloss Kalbeck.
Kalbeck wird erstmal 1326 erwähnt und wechselte in seiner Geschichte häufig den Besitzer, ehe es 1633 an die Familie Morrien geht, die im Herzogtum Kleve eine bedeutende Rolle spielte.
Zweimal wurde das Schloss durch Feuer zerstört. Ein verheerender Brand in der Neujahrsnacht 1799/1800 zerstörte Haus und Inventar. Nach dem Wiederaufbau wurde das Schloss 1907 erneut ein Opfer der Flammen. Von dem Gebäude, das unweit der Gaststätte „Jan an de Fähr" lag, zeugen heute nur noch Mauerreste im Wald.
Doch Vittinghoff-Schell war an dem alten Gemäuer ohnehin nicht interessiert. Er wollte neu bauen, gut zwei Kilometer entfernt, mit genügend Raum für ein Schloss nach seinen Vorstellungen, Raum für einen großzügigen Park und einen Rosengarten, angelegt im formalen Stil des Barock. Es entstand das „jüngste" Schloss am Niederrhein.
Im Zweiten Weltkrieg wurden Teile von Schloss Kalbeck stark beschädigt. Die Restaurierung des Südflügels wurde erst 2001 in Angriff genommen.
In dem schönen Schloss, das jetzt von Max Freiherr von Elverfeldt, Ehefrau Antoinette und den Töchtern Theresa und Johanna bewohnt wird, sollen künftig auch Wohnungen und Büros zu mieten sein.

Für Lyssbeth und Wessel gab's zur Hochzeit ein Wasserschloss

Als sich Lyssbeth van Beerenbroek und Wessel van den Loe 1461 das Ja-Wort gaben, konnten sie sich auf ein besonders prächtiges Hochzeitsgeschenk freuen.

Wessels Vater Johan, so stand es im Heiratsvertrag, sollte als Mitgift die Wasserburg Wissen erwerben. Keine Ahnung, was ein Oberländischer Rheinischer Gulden heute in Euro wert wäre. Aber 9.450 solcher Gulden musste Ritter Johan auf den Tisch legen, dann gehörte die Burg ihm mit allem, was dazu gehörte. Seitdem ist das südlich von Weeze an der Niers gelegene Anwesen im Besitz der Herren von Loe, die 1629 in den Freiherrenstand und 1808 in den Grafenstand erhoben wurden.

Die Gulden kassierte 1461 die Tochter des Johan van der Straeten, deren Vorfahr Heinrick der erste ist, der im Zusammenhang mit Schloss Wissen auftaucht. Graf Adolf von Kleve nämlich stellte 1372 einen Schutzbrief aus für das Kirchspiel Wissen und das Haus des Heinrick van der Straeten „myt deen voerborchte end myt allen, dat daer enbynnen begrepen is". Die Erwähnung einer Vorburg (voerborchte) macht deutlich, dass es sich um ein großes Anwesen handelte.

Die Herren van der Straeten waren als Amtmänner des Herzogs von Geldern in mächtiger Position. Und so wundert es nicht, dass 1401 Weihbischof Conrad von Köln höchstpersönlich nach Wissen kam, um einen Altar zu weihen.

Auch die Herren van den Loe als neue Eigentümer des Schlosses spielten eine gewichtige Rolle. 1497 erhob der Herzog von Kleve, dem Karl der Kühne 1473 den Amtsbezirk geschenkt hatte, Wissen in den Rang einer eigenen „Herrlichkeit". Damit hatten die Herren van den Loe das Recht, in einem Bezirk rund um die Burg die Gerichtsbarkeit auszuüben.

An diese Zeit erinnert noch ein Verlies im „Dicken Turm" der Vorburg.

Franz van den Loe, Wessels Enkel, ließ die Burg im 15. Jahrhundert nach seiner Hochzeit mit Sophia van Nesselrode umbauen und in ein Renaissance-Schloss mit zahlreichen Erkern und Türmen verwandeln.

Die verschwanden erst wieder, als zum Ende des 18. Jahrhunderts ein neuer Stil in Mode kam.

Die Backsteinmauern wurden weiß verputzt, der „Dicke Turm" bis zu einem etwa zwölf Meter hohen Sockel abgetragen, das ganze Schloss mit einem französischen Mansardendach versehen.
Umbau Nummer Drei erfolgte knapp 100 Jahre später, als die Hausherren Putz und Dach leid waren und mit Hilfe des Kölner Baumeisters Vincenz von Statz (1819-1898) versuchten, dem Schloss mit neugotischen Treppengiebeln seine historische Form wieder zu geben. Auch der „Dicke Turm" erhielt nach alten Zeichnungen seine Form zurück.
Ein besonderes Schmuckstück kam zwischen Haupthaus und Vorburg hinzu: die neugotische Kapelle, die in den Jahren 1876 bis 1886 gebaut und ausgestattet wurde. Die bis dahin genutzte Hauskapelle wurde zur Sakristei. Die Vorlagen zur Ausmalung der Kapelle erstellte der bekannte Maler Edward Ritter von Steinle, der auch am Straßburger Münster gewirkt hat und seit 1850 als Professor an der Frankfurter Städelschule tätig war. Der Engländer J. H. Hardman entwarf die Glasfenster.
Den Zweiten Weltkrieg überstand das Schloss ohne direkte Bombentreffer relativ unbeschädigt. In den Jahren 1969 bis 1973 erfolgten einige Umbauten. Außerdem wurden die drei historischen Säle sorgfältig restauriert.
Die große Vorburg – allein hier findet man 5.000 Quadratmeter Nutzfläche – beherbergte die Ställe und Getreidelager. Noch Ende des 19. Jahrhunderts standen im Westflügel Kühe, bevor er zum Wohnen umgebaut wurde. Im Ostflügel sind heute die Büros des Forst- und Gutsbetriebes Schloss Wissen untergebracht.
Der Innenhofbereich des Schlosses ist für Besucher frei zugänglich. In den historischen Sälen finden in den Wintermonaten Konzerte statt. Zum Schloss gehört auch ein etwa sieben Hektar großer Park, der aber für Besucher nicht zugänglich ist. Er wurde größtenteils beim Umbau Ende des 18. Jahrhunderts angelegt und im 19. Jahrhundert erweitert. Aus dieser Zeit stammen auch die schönen Linden-, Eichen- und Platanen-Alleen.
Die 9.450 Gulden von Ritter Johan van den Loe waren gut angelegt.

Anna von Wylich sammelte alle Leinwand, die sie kriegen konnte

Freifrau Anna von Wylich sammelte alle gebleichte Leinwand, die sie kriegen konnte. Dazu Hemden, Strümpfe, Wundbinden und Bettdecken. Unter den Soldaten, die den deutsch-französischen Krieg überlebt hatten, herrschte 1815 die blanke Not, es gab damals noch keinerlei Wohfahrtshilfen. Die energische Diersfordter Freifrau organisierte in dieser Situation über die Frauenvereine die erste diakonische Arbeit am Niederrhein. Im Schlossarchiv sind in einer Akte die Spenden, mit denen sie den Soldaten und ihren Familien zu überleben half, penibel aufgelistet. In dem schmalen Heft findet sich auch ein ungewöhnlicher Brief, in dem der sonst nicht eben überschwängliche Feldmarschall Fürst Blücher sich persönlich und warmherzig bedankt – für die Hilfe der „Florence Nightingale" von Schloss Diersfordt.

Anna war eine der letzten Nachkommen aus dem uralten Geschlecht der von Wylichs, die seit 1401 auf Diersfordt herrschten.

Das Schloss liegt, umgeben von zwei breiten Wassergräben, mitten in einem großen Wald im Nordosten von Wesel. Nach einem Brand 1928 wurde es einigen Teilen verändert wieder aufgebaut. Erhalten ist noch das zweistöckige Haupthaus aus dem 15. Jahrhundert, mit drei Türmen mit geschweiften Hauben.

Sehenswert ist die frei im Hof stehende Kapelle, ein Rokoko-Bau aus Backstein mit einem verspielten Türmchen. Auch die Inneneinrichtung stammt größtenteils aus dem Rokoko. Das Schloss zeigt auch eine große Sammlung von Familien-Porträts aus dem 17. und 18. Jahrhundert.

Nach dem Aussterben des berühmten Adelsgeschlechtes der Wylichs fiel ihr Stammsitz im 19. Jahrhundert an die Grafen zu Stolberg-Wernigerode. Im 20. Jahrhundert wurde das Haupthaus zeitweise als Sanatorium genutzt.

Heute gehört Schloss Diersfordt der Oberhausener Kaufmannsfamilie Beichert, die den idyllischen Besitz aufwändig restauriert hat. Besonders beeindruckt sind Besucher von den berühmten Alleen in den Parkanlagen in Diersfordt.

Unter den uralten Linden und Buchen ging schon Anna von Wylich spazieren.

ALEXANDER HERMANN

Hinter den starken Mauern von Schloss Neersen wurde Watte hergestellt

43.490 Reichtstaler und fünf Groschen zahlte die Versicherung Felix Wilhelm Hüsgen für den Brandschaden. Der Fabrikant hatte 1851 im heruntergekommenen Schloss Neersen eine Fabrik eingerichtet und produzierte neben Baumwollgewebe hinter den starken Mauern etwas besonders Zartes: Watte. Da kann man sich gut vorstellen, wie die Flammen in jener Nacht vom 27. auf den 28. März 1859 gewütet haben. Nur die Mauern blieben stehen.
Herren „van der Ners“ (von der Niers) werden erstmals in Quellen des 13. Jahrhunderts erwähnt.
Seine heutige Grundstruktur bekam des Schloss in den Jahren 1661-1669. Den Umbau der gotischen Burg gab Adrian Wilhelm von Virmond in Auftrag, dessen Familie um 1500 durch Heirat in den Besitz der Anlage gekommen war.
Virmond, der als Gouverneur der Festungen Düsseldorf und Jülich ein bedeutender Mann war, machte aus dem alten, unmodernen Gebäude ein barockes Schloss in Hufeisenform mit vier vorgelagerten Ecktürmen. Zu den Zimmern, die in einer Aufzählung detailliert benannt sind („großes Schlafzimmer mit roter florentinischer Seidentapete“) gehörte auch ein „Confitürenzimmer“ – was immer darunter zu verstehen war.
1884 ersteigerte der Krefelder Fabrikbesitzer Gustav Klemmer den ausgebrannten Bau und ließ den Mitteltrakt und Ostflügel wieder herstellen, der Westflügel blieb Ruine. Nach dem Krieg wurde das Gebäude als Kindererholungsheim und DRK-Ausbildungsstätte genutzt, ehe dann 1970 die aus den bis dahin selbstständigen Gemeinden Willich, Anrath, Schiefbahn und Neersen gebildete Stadt Willich das Schloss erwarb und zum Verwaltungssitz ausbaute.
Im Rahmen der Restaurierung 1975-1980 wurde der Westflügel wieder aufgebaut.
Sein Prunkstück: ein festlicher Saal für Ratssitzungen und kulturelle Veranstaltungen.
Im 19. Jahrhundert entstand am Schloss der schöne Landschaftspark, der vermutlich wie viele andere im Rheinland nach Plänen des Düsseldorfer Hofgärtners Maximilian Friedrich Weyhe angelegt wurde.
Dank der Landesgartenschau 2002 glänzt er wieder in alter Pracht.

Schon Siegfried zog sich der Sage nach hierher zurück, um auszuruhen

Die Herzöge von Jülich bauten sich um die Jahrtausendwende an einem Seitenarm des Rheins im heutigen Xantener Vorort Winnenthal eine feste uneinnehmbare Burg.
Der Name, Winnenthal, wird unterschiedlich gedeutet – als Hinweis auf ein wonniges Tal oder auf gewonnenes Land. Die Geschichte der ältesten Wasserburg am Niederrhein erzählt allerdings wenig über die Wonnen ihrer Bewohner, dafür viel über ihren ständigen Kampf um die Burg, um das Tal und um die kleine Stadt Xanten.
In ihrer Blütezeit im 15. Jahrhundert muss Burg Winnenthal einen imposanten Anblick geboten haben.
Im Schutz des Burggrabens erhoben sich damals eine dreiflügelige Hauptburg und eine ebenfalls dreiflügelige Vorburg, geschmückt und gesichert durch mächtige Türme.
Um ihren Besitz kämpften zuerst die Jülicher gegen die Klever Herzöge. Später das Haus Kleve gegen den Kölner Erzbischof. Und schließlich kamen die Franzosen. Die Burg wurde mehrfach schwer beschädigt, im 17. Jahrhundert umgebaut und im 19. Jahrhundert um einen dreiflügeligen Ökonomiehof erweitert.
Die Familie Schmitz-Winnenthal übernahm die Burg 1844 und führte sie über fünf Generationen als landwirtschaftliches Gut. Nach weiteren Zerstörungen im Zweiten Weltkrieg war das Gut nicht mehr rentabel.
Der Kerpener Unternehmer Herbert Hillebrand, der schon einige historische Herrensitze mit Gewinn restauriert und neuen Nutzungen zugeführt hat, baute Schloss Winnenthal vor einigen Jahren zu einer exclusiven Senioren-Residenz um. Mit ihren romantischen Wegen ist die Anlage ideal für geruhsame Spaziergänge, im Anschluss lädt ein kleines Schloss-Restaurant ein.
Als ein Ort der Ruhe soll Winnenthal ja schon in der Nibelungensage beschrieben worden sein.
Die Xantener glauben, dass hier das geheimnisvolle „Wolfshage“ lag, wohin der Held Siegfried sich zurückzog, wenn er müde war vom Drachentöten...

Als Erzbischof Salentin vom Zoll in Zons keinen Heller bekam, nahm er sich 50 Schweine

Der Kölner Erzbischof Salentin von Isenburg war sauer.
Da kassierte das Domkapitel fleißig an der Festung Zons von den Rheinschiffern Zoll und nutze das Geld angeblich zur Deckung der Schulden des Erzbischofs. Aber ging bei den Abrechnungen alles mit rechten Dingen zu?
Als das Domkapitel den geistlichen Herrn wissen ließ, ihm stünden keine Einnahmen aus dem Zoll zu, mag Salentin das als große „Schweinerei“ empfunden haben. Jedenfalls ließ er 50 Schweine von Zonser Bürgern, die sich vor den Mauern im Mühlenbusch Speck anfraßen, davontreiben. Ein Ereignis, das als „Zonser Schweinefehde“ (1575-77) in die Heimatgeschichte einging.
Zons: Nirgendwo sonst am Niederrhein findet man noch ein so lebendiges Bild des Mittelalters. Zwar fielen bis auf fünf Gebäude alle Häuser innerhalb der Stadtmauern dem verheerenden Stadtbrand vom 16. Mai 1620 zum Opfer, doch die mächtigen Festungsbauten, der Zollturm, das Rheintor, der Krötschenturm, das Südtor, der runde Juddeturm, benannt nach der Kölner Patrizierfamilie von Judde, und die beeindruckenden Reste von Schloss Friedestrom prägen noch immer das Bild der heute zu Dormagen gehörenden Stadt.
Der Aufstieg von Zons begann 1373, als sich der damals 25-jährige Friedrich von Saarwerden, bis 1414 Erzbischof von Köln, entschloss, nach einem Streit mit Neuss den Rheinzoll von dort nach Zons zu verlegen.
Die alte Burg von Zons war nach der Schlacht von Worringen (1288) zerstört, ihre Steine als Material für die Stadtmauer nach Köln gebracht worden.
An diesem Platz nun baute Friedrich von Saarwerden seine neue Festungsstadt mit Friedestrom (Fredestroym) als Landesburg in der Südostecke der Anlage.
Als er Zons am 20. Dezember 1373 die Stadtrechte verlieh, war der Ort am Rhein, wo schon Römer und Franken gesiedelt hatten, eine einzige große Baustelle.

Die Burg war 1377 fertig, elf Jahre später dann die Mauern und Türme der Stadt. Weil der Rhein in jenen Tagen noch einen anderen Weg nahm und direkt an Zons vorbeifloss, war die Stadtmauer im Südosten unmittelbar vor der Burg leicht abgeschrägt und durch einen Eckturm, den sogenannten Eisbrecher, besonders verstärkt. Der Zoll wurde im Norden am großen Zollturm kassiert.
Dem Erzbischof gefiel die neue Residenz. 21 Mal besuchte er die Stadt, die ihm einen Großteil seiner Einkünfte sicherte.
Die Befestigungen waren so mächtig, dass sie selbst dem Dauerbeschuss hessischer Truppen standhielten. 671 Kanonenkugeln, so vermeldet es der Chronist, wurden am 28. September 1646 auf Zons abgefeuert – ohne Erfolg.
Erst mit dem Einzug französischer Revolutionstruppen 1794 und der Beseitigung des Kölner Kurstaates verlor Zons seine politische und wirtschaftliche Bedeutung.
Die Befestigungen und das Schloss wurden versteigert. In den Zollturm zogen Franziskanerinnen und Schwestern vom Heiligen Vinzenz ein, Schloss Friedestrom wurde als Gutshof genutzt.
1962 kaufte die Stadt Zons das Schloss. Das Museum des Kreises Neuss ist seit 1972 im sogenannten Herrenhaus, einem Gebäude der ehemaligen Vorburg, untergebracht. In den Resten der Burg Friedestrom hat das Archiv des Kreises in einem klimatisierten Neubau einen schönen Platz gefunden. Auch Teile der aufgelösten Bibliothek von Schloss Dyck sind hier untergebracht.
An die „Schweinerei" von Erzbischof Salentin von Isenburg erinnert seit 1960 eine Brunnenanlage, die in Höhe des ehemaligen Feldtores erbaut wurde.
Dieses große Doppeltor in der westlichen Mauer war in den Jahren 1833/42 kurzerhand abgerissen worden, weil die hoch beladenen Heuwagen zur Erntezeit nicht mehr hindurchfahren konnten.
Nur gut, dass nicht noch andere Tore damals dem Heuwagen-Verkehr im Weg standen.

Die Hoheiten auf Schloss Arcen heißen heute „Rosa Alba" oder „Rosa Remontant"

Wer heute Arcen sagt meint Rosen.
Tausende dieser blühenden und duftenden Schönheiten bilden das Herzstück der Schlossgärten Arcen. Seit 1988 gilt dieser größte Blumen- und Pflanzengarten der Niederlande, im Norden der Provinz Limburg, als touristische Attraktion von europäischem Rang.
Die Idee für die Schlossgärten Arcen stammt aus einem Dorf. In Lottum, einem Zentrum der niederländischen Rosenzucht, war man Anfang der achtziger Jahre auf der Suche nach einem ausreichend großen Gelände für ein Rosarium. Der ideale Standort fand sich ganz in der Nähe, in den Überresten der Parkanlagen, die das Schloss Arcen auf drei Inseln umgaben. Rund um das Schloss aus dem 17. Jahrhundert gestaltete die Stiftung Kasteeltuinen Arcen auf einer Fläche von 32 Hektar den heutigen „Lustgarten", in dem die Besucher Blumen, seltene Pflanzen, Geschichte und Kunst „im Vorübergehen" genießen können.
Wer den riesigen Blumen- und Landschaftspark ganz durchstreifen will, sollte Zeit mitbringen. Ein Rundgang durch das von Gräben, Inseln, künstlichen Hügeln und verborgenen Höhlen durchzogene Gelände kann leicht vier Stunden dauern. In der Mitte des ellipsenförmig gestreckten Parks liegen die drei kleinen Inseln, die schon den Kern des ursprünglichen Schlossgartens bildeten. Von der ersten Insel mit dem Herrenhaus und der Vorburg spazieren Besucher auf die Roseninsel. Rund um einen Teich blühen in barock gestalteten Feldern hier von April bis August 220 Rosenarten. Das Blütenmeer ist in Themengärten aufgeteilt und verführt zu einer sinnlichen Reise durch die Geschichte und die Vielfalt der Rosenzucht. Eine Baumbrücke geleitet weiter zur dritten Insel, auf der Laufstege durch einen Wald führen, dessen Bewohner Spaziergänger mit lautem Gezwitscher begrüßen.
Zu den Höhepunkten der Schlossgärten Arcen zählt sicher die Casa Verde. In diesem Grünen Haus sind subtropische Pflanzen zu entdecken, darunter jahrhundertealte Olivenbäume, Feigenbäume, Erdbeerbäume und Korkeichen.

In der Casa Verde sind diese Exoten auch im Winter wie in früheren Orangerien geschützt. Nach mittelalterlichem Vorbild ist der Kräutergarten angelegt, in dem auch einige alte Spalierbaumarten nachgezüchtet werden. Ein chinesischer Garten und eine Reihe von Patio-Gärten sind als Orte der Stille konzipiert und präsentieren Beispiele ungewöhnlicher Gartengestaltungen durch Kombinationen von Pflanzen, Steinen und Wasser.
Familien mit Kindern finden in den Schlossgärten Unterhaltung durch Spielgärten, Aufführungen auf Freilichtbühnen, eine Affeninsel, ein Wildschweingehege und einen Ritterturnierplatz.
Mit der ursprünglichen Anlage aus dem 17. Jahrhundert haben die Schlossgärten nicht mehr viel gemeinsam. Dafür bieten sie eine ungewöhnliche Fülle exotischer Pflanzen und in den Modellgärten Anregungen für die Gestaltung des eigenen Hausgartens. Einige der Blumen- und Pflanzenzüchtungen werden auch zum Verkauf angeboten.
Auf verschiedenen Bühnen, in Pavillons und im Schlossgebäude wird vor allem im Frühjahr und im Sommer musiziert, Ausstellungen laden zu Begegnungen mit moderner Kunst ein.
Das heutige Schloss Arcen ist das dritte Herrenhaus, das an dieser Stelle steht. Der erste Herrensitz in Arcen entstand im Mittelalter und hieß „Huys den Kamp“. Auf dessen Ruinen entstand eine zweite Burg, die bis ins 16. Jahrhundert das Gebiet um Arcen beherrschte und im 80-jährigen Krieg zerstört wurde. Marcelius van Gelder errichtete schließlich Ende des 17. Jahrhunderts das heutige Schloss im holländischen Renaissance-Stil. Im Lauf der Jahrhunderte wurde Arcen von niederländischen, spanischen, deutschen und französischen Adelsfamilien erobert und wieder verloren. Nach einem fast 100-jährigen preußischen Zwischenspiel ist Arcen seit dem Wiener Kongress wieder niederländisches Gebiet.
Rosenzüchter schaffen übrigens leuchtende und duftende Sinnbilder für ein Europa ohne Länder-und Standesgrenzen.
Im „Namensgarten“ auf der Roseninsel in Arcen blüht die „Koningin Beatrix“ gleich neben der „Climbing Frau Karl Druschki“ und der „Ingrid Bergmann“.

Die 1000-jährige Eiche bewacht das Kastell in Doornenburg noch immer

Was für ein Motiv!
Als der deutsche Landschaftsmaler Carl Hilgens vor 150 Jahren durch die Niederlande reiste, fand er im Gelderland endlich das Vorbild für sein geplantes großes Genre-Gemälde: eine hochaufragende, quadratisch angelegte Trutzburg, gekrönt von vier Ecktürmen, bewacht von Gräben und einer Vorburg und erreichbar nur über eine Brücke.
Kastell Doornenburg hat bis heute sein imposantes Aussehen erhalten.
Die Ursprünge Doornenburgs lassen sich bis ins Jahr 891 zurückverfolgen. Als Rittersitz diente das Kastell seit dem 13. Jahrhundert, der erste „Herr von den Doornenburg“ war Willem van Doornick. Bekannte Adelsfamilien, wie die von Bylants und die von Aemstels nahmen in den folgenden Jahrhunderten hier ihren Stammsitz. Es wird angenommen, dass die Burg anfangs nur aus einer großen Halle bestand, die als Wohnraum diente, und aus einem von einer hohen Mauer umgebenen Innenhof. Später erst wurde das Kastell aufgestockt und durch eine Vorburg zusätzlich gesichert.
Doornenburg wurde von den letzten adeligen Besitzern im 19. Jahrhundert verlassen und geriet in ernsthaften Verfall, nachdem es einige Jahre leer stand.
Die Unternehmerfamilie van Heek kaufte das Schloss 1936 und ermöglichte durch eine Stiftung eine umfangreiche Restauration. Tragischerweise wurde Doornenburg im Zweiten Weltkrieg noch einmal durch Bomben schwer beschädigt. Der zweite Wiederaufbau dauerte fast 20 Jahre, dabei ließ sich die Stiftung weitgehend vom spätmittelalterlichen Zustand der Burg leiten. Doornenburg bietet heute Festgesellschaften eine romantische Kulisse und ist beliebtes Ausflugsziel im deutsch-niederländischen Grenzgebiet.
In der Eingangshalle des Schlosses hängt das alte monumentale Gemälde von Carl Hilgens.
Den Wald, den man darauf rechts vom Schloss sieht, gibt es zwar nicht mehr. Aber die 1000-jährige Eiche, die von der Brücke aus zu entdecken ist, steht noch heute als Wächterin vor der Doornenburg.

Schloss Huis Bergh war schon immer ein Ort für große Pläne und große Politik

Minister aus Deutschland und den Niederlanden und Vertreter der Europäischen Union beschlossen im Februar 2001, die grenzübergreifende Wirtschaft am Niederrhein in den kommenden zehn Jahren mit 180 Millionen Euro anzustoßen. Einen entsprechenden Vertrag unterzeichneten sie feierlich auf Schloss Bergh. Wo sonst?

Schloss Huis Bergh, eines der größten und schönsten holländischen Wasserschlösser, war schon immer ein Ort für geschickte Grenzpolitik und für große Pläne.

Die Herren von Bergh zählten im Mittelalter zu den wirklich Reichen und den wirklich Mächtigen. Sie unterstützten die Herzöge von Geldern mit Rittern und Gold und erhielten dafür das Privileg, eine Reihe von Bewaffneten unter eigenem Banner in die Schlacht zu führen.

Auf dem Höhepunkt der Bannerherrlichkeit Bergh – im 13. Jahrhundert – baute Hendrik van Bergh an der Stelle, wo das heutige Schloss steht, eine erste starke Turmburg aus Tuffstein. Die nachfolgenden Grafen ergänzten und erweiterten diese Wehrburg um eine Vorburg, zahlreiche Nebengebäude, eine Ringmauer, einen Graben mit Zugbrücke und eine Kapelle. Bis aus dem Tuffstein-Turm schließlich ein eindrucksvolles Schloss wurde, eingebettet in einen Park, der fast ein Wald ist.

Ihren Reichtum verdankten die Herren von Bergh vielen Bauern, sie beherrschten viele Gutshöfe und Dörfer im geldrischen Machtbereich. Dazu genossen sie Sonderrechte in der geldrischen Staatenversammlung – ihre Macht kam jener der Herzöge von Geldern fast gleich. Bis sie während des Achtzigjährigen Krieges und der Besetzung durch die Burgunder im 16. Jahrhundert einen taktischen Fehler machten und sich die falschen Bündnispartner suchten. Die Bannerherren von Bergh verloren ihren politischen Einfluss.

Das Kasteel Bergh war eine von elf Burgen, über die das Adelsgeschlecht im 14. und 15. Jahrhundert herrschte. Zu ihrem Besitz gehörten Didam, Elten, Zeddam, Gendrigen und Netterden, das Zentrum ihrer Güter lag zwischen Rhein/Niederrhein und Ijssel/Alter.

Seit 1486 durften die Herren auf Schloss Bergh sich Grafen nennen. Aufschlussreich für ihre Politik ist vor allem ihre Rolle im Achtzigjährigen Krieg. Graf Willem IV. von Bergh heiratete um 1550 Maria von Nassau, die Schwester von Willem von Oranje. Und spielte mit seinem Schwager ein doppeltes Spiel.
Der Oranjer war im Streit mit den Spaniern. Nach außen hin unterstützte Graf Bergh seinen Schwager und ließ sich dafür zum Statthalter von Geldern und Zutphen machen. Insgeheim paktierte Willem van Berg aber gleichzeitig mit dem spanischen Landvogt Farnese.
Als der Betrug offenbar zu werden drohte, bekannte Willem sich offen zu seinen Spanischen Verbündeten. Seine Söhne Frederik und Hendrik schlossen sich ihm später an.
Dieser Kampf für die spanischen Interessen kostete die Grafen Bergh Ende des 16. Jahrhunderts ihren Einfluss im geldrischen Landtag.
Durch Heirat kamen Schloss und Grafschaft 1749 an die Fürsten von Hohenzollern-Sigmaringen. Wenige Jahre später wurden alle gräflichen Rechte aufgehoben und die Grafschaft dem Gebiet Gelderland zugeordnet.
Die Familie Hohenzollern-Sigmaringen verkaufte Schloss Bergh 1912 an den Textilfabrikanten van Heek.
Der Enscheder Industrielle setzte sich für den Erhalt des Kasteels sehr ein und ergänzte die Innenausstattung durch viele wertvolle mittelalterliche Möbel und Kunstwerke. Vor seinem Tod übergab er den gesamten Besitz der „Stiftung Huis Bergh", die das Kasteel und die schöne Garten- und Parkanlage das ganze Jahr über für Besucher geöffnet hat.
Nach einem Spaziergang durch den alten Baumbestand in „De Plantage" bietet eine urige mittelalterliche Gaststätte mit einer Terrasse Besuchern einen schönen Blick auf das Schloss.
In der Münzstätte kann man unter Anleitung eines Münzmeisters auf ebenso sinnliche wie vergnügliche Weise erfahren, welches Privileg die Herren auf Bergh richtig reich gemacht hat: Die Lizenz zum Geld prägen.

 Schloss Huis Bergh

Schloss Huis Bergh

A

Wasserburg Anholt
46419 Isselburg-Anholt, Besitzer: Familie zu Salm-Salm. Parkhotel, Schloss-Restaurant, Schlosspark, Museum. Museum dienstags-freitags 11 bis 17 Uhr, samstags und sonntags nach Vereinbarung. Tel. 0 28 74 - 4 53 53.

Schloss Arcen
Kasteeltuinen Arcen, Lingsforter Weg 26, NL-5944 BE Arcen.
Tel. 00 31 - 7 74 - 73 18 82. Öffnungszeiten: Winter 11 bis 17 Uhr, Sommer 10 bis 18 Uhr täglich.

Haus Aspel
4645 Rees, Tel. 0 28 50 - 1 82 01. Zentrale der Töchter vom Heiligen Kreuz. Nur Außenbesichtigung.

B

Schloss Benrath
Benrather Schloßallee 194, Düsseldorf, Kommunalbesitz, Tel. 02 11 - 8 99 72 71. Dienstags bis sonntags 10-17 Uhr Führungen. Neues Gartenkunstmuseum. Der Schlosspark ist Teil der Landesgartenschau 2002.

Schloss Huis Bergh
Hof van Bergh 8, 7040 AD s'Heerenberg. Besitzer: Stiftung Huis Bergh. Tel. 00 31 - 3 14 - 66 12 81. Schloss und Kunstkollektion Huis Bergh werktags von 11 bis 16 Uhr geöffnet, samstags und sonntags von 14 bis 16 Uhr.

Schloss Bloemersheim
Bloemersheimer Weg, Neukirchen-Vluyn, Besitzer: Familie von der Leyen. Internett: www.schloss-bloemersheim.de. Verkauf der Gutserzeugnisse im Hofladen an der Straße. Schloss ist nicht zu besichtigen.

Burg Boetzelaer
Reeser Straße 243, Kalkar, Besitzer: Maximilian Freiherr von Wendt. Restauration noch nicht abgeschlossen. Besichtigungen nur nach Absprache. Mitglied im Verein Culture & Castles.

Schlösschen Borghees
Hüthumer Straße, 46446 Emmerich, 0 28 22 - 93 99 22, Kommunalbesitz, Hochzeiten nach Anmeldung. Ausstellungen, Konzerte, Märkte nach Vorankündigung.

Burg Brüggen
Burgwall 2, 41379 Brüggen, Tel. 0 21 63 - 52 70, Jagd- und Naturkundemuseum dienstags-freitags 10-12 und 14-17 Uhr.

C

Haus Coull
Couller Weg, 47628 Straelen. Privatbesitz Familie Baron von Loe. Nur Außenbesichtigung.

D

Schloss Diersfordt
Marsstraße 1, 46487 Wesel, Besitzer: Familie Beichert. Privathaus. Besichtigung nur von außen möglich. In der Schlosskirche am 2. und 4. Sonntag im Monat Messe um 10 Uhr. Mitglied Culture & Castles.

Kastell Doornenburg
Kerkstraat 27, 6686 BS Doornenburg, Stiftungsbesitz, Tel. 00 31- 4 81- 42 14 56. Im Sommer täglich ab 11 Uhr für Führungen geöffnet. Montags Ruhetag. Im Winter Führungen nur samstags und sonntags ab 13 Uhr.

Dorenburg
An der Dorenburg 28, 47929 Grefrath, Niederrheinisches Freilichtmuseum, Tel. 0 21 58 - 9 17 30. Öffnungszeiten März und November 10-16 Uhr, April bis Oktober 10-18 Uhr außer montags.

Schloss Dyck
Klosterstraße 1, 41363 Jüchen, Neues Gartenkunstmuseum. Park ist Teil der Landesgartenschau 2002.

E

Schloss Eller
Heidelberger Straße 42, 40229 Düsseldorf, Modeschule. Außenbesichtigung. Schöner Park. Tel. 0211-21 18 13

Schloss Elsum
41849 Wassenberg-Birgelen. Privatbesitz Familie Freiherr von Negri. Nur Außenbesichtigung.

Haus Esselt
Otto-Pankok-Weg 4, Hünxe-Drevenack, Otto-Pankok-Museum Tel. 0 28 56 - 7 54.
Öffnungszeiten freitags - sonntags 10-13 Uhr und 15-19 Uhr und auf Anfrage.

F

Burg Friedestrom
Schloßstraße 1, 41541 Dormagen-Zons. Im Herrenhaus Kreismuseum Zons, Tel. 0 21 33 - 4 67 15 oder 4 40 01.
Heimat- und Verkehrsverein Zons Tel. 0 21 33 - 37 72.

G

Schloss Gartrop
Schloßallee 4, 4 65 69 Hünxe. Privatbesitz. Keine Besichtigung möglich.

Haus te Gesselen
Kapellener Straße 4, 47623 Kevelaer, Besitzer: Ursula und Georg Keuck, Ausstellungen und Konzerte nach Vorankündigung, Besichtigungen nur nach persönlicher Absprache, Tel. 0 28 32 - 46 80, Culture & Castles.

Schloss Gnadenthal
47517 Kleve-Dornsbrüggen, Besitzer: Familie Hövell zu Westerflier, Tagungshaus und Gästehaus.
Besuch nur nach Vereinbarung, im Schlosspark wechselnde Kunstausstellungen.

Schloss Greiffenhorst
Greiffenhorst 1, 47809 Krefeld. Kommunalbesitz. Bei kulturellen Veranstaltungen geöffnet. Der Park ist Teil der Landesgartenschau 2001

H

Schloss Haag
Bartelter Weg, 47608 Geldern, Privatbesitz der Familie von Hoensbroech. Ein Teil des Gutes wird von der „Golfsportanlage Schloss Haag"genutzt. Die Außenanlagen sind zu besichtigen.

Haus Hall
Hagbrucher Str. 1, Hückelhoven-Ratheim. Besitzer: Familie Freiherr Spies von Büllesheim. Keine Besichtigung.

Schloss Heltorf
Heltorfer Schlossallee 100, 44489 Düsseldorf-Heltorf, Privatbesitz Familie Graf von Spee. Außenbesichtigung.

Haus Hertefeld
7652 Weeze. Besitzer: Familie Graf zu Eulenburg und Hertefeld. Keine Besichtigung. Mitglied im Verein Culture & Castles. Veranstaltungen und Übernachtungsangebote geplant. Frei zugänglicher Tierpark.

Burg Hülchrath
Am Zolltor, Grevenbroich-Hülchrath. Besitzer: Familie Wennmacher. Nur Außenbesichtigung. Zahlreiche Veranstaltungs-Möglichkeiten auf Anfrage. Internet www.schloss-huelchrath.de. Mitglied Culture & Castles.

J

Schloss Jägerhof
Jacobistraße 2, 40211 Düsseldorf, Goethe-Museum, Tel. 02 11 - 89 - 9 62 62.
Öffnungszeiten dienstags bis freitags und sonntags 11-17 Uhr, samstags 13-17 Uhr.

K

Schloss Kalbeck
47652 Weeze, Privatbesitz Familie Freiherr von Elverfeldt. Nur Außenbesichtigung.

Schloss Kalkum
Oberdorfstraße 10, 40489 Düsseldorf, Hauptstaatsarchiv NRW. Nur Außenbesichtigung. Schöner Schlosspark.

Landesburg Kempen
Thomasstraße 20, 47906 Kempen, Kreis- und Stadtarchiv.

Schloss Krickenbeck
Schloßallee 1, 41334 Nettetal, WestLB Akademie, Tel. 0 21 53 - 917-0. Nur Außenbesichtigung.

L

Schloss Liedberg
Schloßstraße, 41352 Korschenbroich-Liedberg, Eigentümer: Margarete und Gottfried Fix. Außenanlagen und Spazierwege ganzjährig geöffnet, Schlossbesichtigungen nach Vereinbarung, Tel. 0 21 61 - 61 30.

Burg Linn
Rheinbabenstraße 85, 47809 Krefeld. Museum, Tel. 0 21 51 - 57 00 36 oder 37. Öffnungszeiten April bis Oktober dienstags-sonntags 10-18 Uhr, November bis März 11-17 Uhr. Führungen nach Vereinbarung.
Sonntags erklingen im Jagdschloss von 11.30-12 Uhr die mechanischen Musikinstrumente der Sammlung.

M

Schloss Moers
Kastell 9, 47441 Moers, Kommunalbesitz, Tel. 0 28 41 - 2 80 94. Grafschafter Museum. Öffnungszeiten werktags 9 bis 18 Uhr, samstags und sonntags 11 bis 18 Uhr. Aufführungen im Schlosstheater nach Vorankündigung.

Schloss Moyland
Am Schloss 4, 47551 Bedburg-Hau, Tel. 0 28 24 - 9 51 00, Besitzer: Stiftung Museum Schloss Moyland Öffnungszeiten: Sommer dienstags bis freitags 10 bis 18 Uhr, Winter dienstags bis freitags 10 bis 17 Uhr, samstags und sonntags 10 bis 17 Uhr, montags Ruhetag.

Schloss Myllendonk
Myllendonker Straße, 41352 Korschenbroich-Herrenshoff, Besitzer: Familie von Wüllenweber. Schloss Myllendonk ist Mittelpunkt eines Golfclubs. Besichtigungen nur beschränkt möglich.

N

Schloss Neersen
Hauptstraße 6, 47877 Willich. Sitz der Stadtverwaltung. Konzerte und Ausstellungen. Informationen Tel. 0 21 56 - 94 92 64. Der Schlosspark ist Teil der Landesgartenschau 2002.

O

Schloss Ossenberg
Schloßstraße, 47495 Rheinberg-Ossenberg. Privatbesitz der Familie Herzog von Urach. Keine Besichtigung. Mitglied im Verein Culture & Castles mit Angeboten für Veranstaltungen.

R

Schloss Rheydt
Schloßstraße 508, 41238 Mönchengladbach, Kommunalbesitz. Museum. Kunst und Kulturgeschichte der Renaissance und des Barock. Öffnungszeiten außer montags täglich von 11 bis 16 Uhr, Tel. 0 21 66 - 92 89 00.

Schloss Ringenberg
Schloßstraße, 46499 Hamminkeln-Ringenberg, Besitzer: Derik-Baegert-Gesellschaft. Kunstgalerie im Schloss mit wechselnden Ausstellungen. Schloss-Cafe mit Terrasse.

S

Schwanenburg
Schloßstraße, 47533 Kleve, Tel. 0 28 21 - 2 15 08, Kommunalbesitz. Besichtigungen täglich 11 bis 17 Uhr.

Haus Steinfunder
Klixdorf 35, 47906 Kempen, Besitzer: Karl-Ernst Becker. Privathaus. Besichtigung nur von außen. Ausstellungen werden angekündigt.

Haus Steprath
Am Broekelken, 47608 Geldern-Walbeck, Besitzer: Familie von Wallenberg-Pachaly. Besichtigungen nur nach persönlicher Vereinbarung, Ausstellungen und Konzerte nach Vorankündigung. Mitglied Culture & Castles.

V

Haus Voerde
Allee 65, 46562 Voerde, Kommunalbesitz. Standesamt und Ausstellungen. Im Schlosskeller eine Weinstube. Der Park ist ganzjährig geöffnet. Tel. 0 28 55 - 8 03 00.

W

Burg Wassenberg
Kirchstraße 17, 41849 Wassenberg. Hotel und Restaurant im Besitz der Familie Soltisek, Tel. 0 24 32 - 9 49-0.

Schloss Wickrath
Hochstadenstraße, Mönchengladbach-Wickrath, Kommunalbesitz, Tel. 0 21 66 - 5 18 48. Vogelkundliches Museum – außer montags – von 11 bis 16 Uhr geöffnet. Der Schlosspark ist Teil der Landesgartenschau 2002.

Schloss Winnenthal
Winnenthal 11, 46509 Xanten, Besitzer: Familie Hillebrand, Senioren-Residenz, Parkanlagen und Schlossrestaurant sind ganzjährig geöffnet. Tel. 0 28 01 - 9 11- 02.

Schloss Wissen
Schloßallee 26, 47652 Weeze-Wissen. Privatbesitz Familie Freiherr von Loe. Nur Außenbesichtigung. Mitglied im Verein Culture & Castles. Kulturveranstaltungen.

Z

Haus Zelem
Kranenburger Straße, 47559 Kranenburg-Mehr, Besitzer: Gudrun und Jochen Arden, Privathaus und momentan für Besucher nicht geöffnet. Mitglied im Verein Culture & Castles.

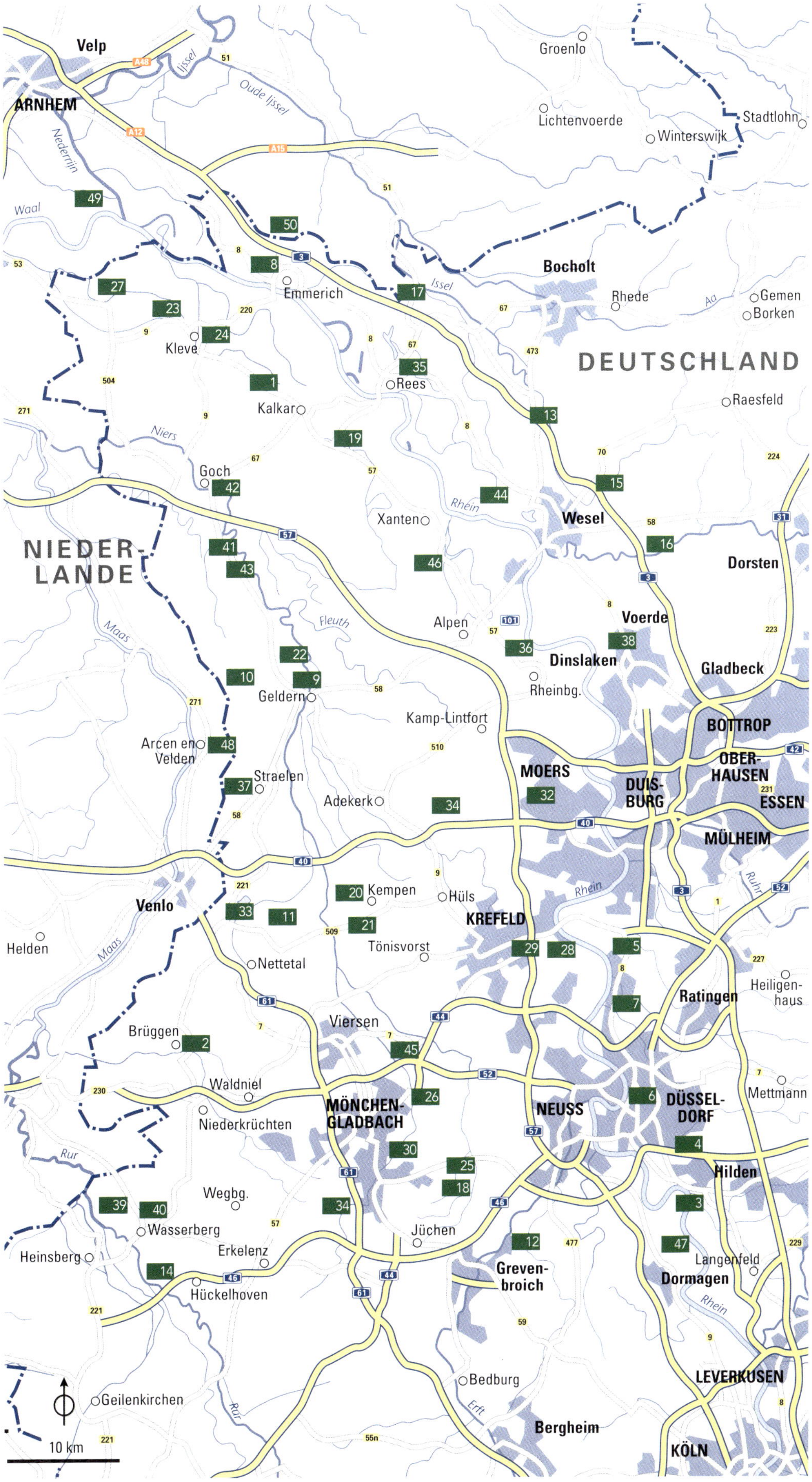

1 Schloss Moyland
2 Burg Brüggen
3 Schloss Benrath
4 Schloss Eller
5 Schloss Heltorf
6 Schloss Jägerhof
7 Schloss Kalkum
8 Schlösschen Borghees
9 Schloss Haag
10 Haus Steprath
11 Dorenburg
12 Burg Hülchrath
13 Schloss Ringenberg
14 Haus Hall
15 Haus Esselt
16 Schloss Gartrop
17 Schloss Anholt
18 Schloss Dyck
19 Burg Boetzelaer
20 Landesburg Kempen
21 Haus Steinfunder
22 Haus te Gesselen
23 Schloss Gnadenthal
24 Schwanenburg
25 Schloss Liedberg
26 Schloss Myllendonk
27 Haus Zelem
28 Schloss Greiffenhorst
29 Burg Linn
30 Schloss Rheydt
31 Schloss Wickrath
32 Schloss Moers
33 Schloss Krickenbeck
34 Schloss Bloemersheim
35 Haus Aspel
36 Schloss Ossenberg
37 Haus Coull
38 Haus Voerde
39 Schloss Elsum
40 Burg Wassenberg
41 Haus Hertefeld
42 Schloss Kalbeck
43 Schloss Wissen
44 Schloss Diersfordt
45 Schloss Neersen
46 Schloss Winnenthal
47 Burg Friedestrom
48 Schloss Arcen
49 Kastell Doornenburg
50 Schloss Huis Bergh

Gregor Spohr
ist Redakteur und leitet eine Lokal-Redaktion des Zeitungshauses Bauer im Ruhrgebiet.
Als Herausgeber und Mitautor veröffentliche er zahlreiche Stadtbücher (u. a. Düsseldorf, Dortmund) sowie in der Reihe „Romantisches Ruhrgebiet" die drei Bildbände Burgen, Schlösser, Herrenhäuser, Industriekultur sowie Kirchen und Klöster. Gemeinsam mit Dr. Wolfgang Schulze gibt er die Freizeitführer „Ausflugsziele im Ruhrgebiet" heraus, von denen bisher sechs Bände erschienen sind. Sein Vater, dessen Wiege im Mönchengladbacher Ortsteil Hardt stand, weckte seinen Appetit auf den Niederrhein schon früh – mit dem Familienrezept für Rheinischen Sauerbraten.

Ele Beuthner
ist Redakteurin beim Westdeutschen Rundfunk. Sie arbeitet seit 25 Jahren als Journalistin, anfangs für Tageszeitungen, später für das Fernsehen und heute für den Hörfunk.
Die Zuneigung zum Niederrhein sog sie als kleines Mädchen mit frischer Buttermilch ein – auf dem Hof ihrer Großeltern im Schatten des Eltenbergs. Bei der Arbeit für dieses Buch wurde sie an Sonntagsausflüge erinnert. Und sie hörte und las wieder neu, worüber ihre Mutter früher auf Platt erzählte. Sie freut sich, wenn die Geschichten in diesem Buch hinter steinernen Mauern und Zinnen Geschichte lebendig werden lassen.

Holger Klaes
wurde in Wuppertal geboren. Er ist seit 1986 selbstständig tätig. Seine Fotos sind in zahlreichen Bildbänden, Kalendern und Zeitschriften erschienen. Sein Hauptaugenmerk gilt dabei der Landschafts- und Architekturfotografie. Den Niederrhein hat er bereits aus früheren Publikationen in seiner typischen Landschaft kennengelernt. „Die ausschließliche Fotografie wuchtiger Burgen, verträumter Schlösser und trutziger Herrenhäuser hat mir viele neue Einblicke in diese bemerkenswerte Region gegeben." Sein besonderer Dank gilt den Schlossbesitzern, die mit ihrem Entgegenkommen zum Gelingen der Fotos beigetragen haben.

Hans Blossey
ist Bildjournalist bei der Westdeutschen Allgemeinen Zeitung. In Essen geboren wuchs er auf zwischen Mörsenbroicher Ei und Kamener Kreuz. Lange Jahre war er als Fotograf vor allem für die WAZ-Seite 1 und Reportage tätig, jetzt arbeitet er wieder lokal und – wie von ihm gewünscht – ganz nah dran am Menschen. Seit 20 Jahren ist er Privatpilot und seitdem Spezialist für Luftbilder im Rhein-Ruhr-Gebiet. Er lebt in Hamm, fünf Minuten von „seinem" Flugplatz entfernt. Sein Eindruck von der niederrheinischen Landschaft und ihren Schlössern: Einfach wunderschön.

Die Autoren und Fotografen bedanken sich sehr herzlich für die Unterstützung durch Verwaltungen, Museen, Archive und Schlossbesitzer.
Ein besonderer Dank gilt Nicole Brögmann und ihrem Team von der Agentur „Horizonte", den Mitgliedern des Vereins „Culture & Castles" und Karen Herzogin von Urach sowie Friedrich Graf zu Eulenburg und Hertefeld.

Kontakt:
Horizonte und Culture & Castles
Haus Sieben Linden, Grabenstraße 78, 47546 Kalkar
Tel. 0 28 24 - 95 20 00, Internet www.horizonte-exklusiv.de

Touristik-Agentur NiederRhein
Mühlenstege 11, 47546 Kalkar, Tel. 0 28 24 - 92 35 92